卷首語

方今國難日亟，寇燄方張；前線將士，浴血於抗戰肉搏；後方民衆，競事於建國大業；而淪陷區域，慘遭蹂躪；婦孺老弱，轉徙流離；凡具血氣，莫不悲憤塡膺！當此非常關頭，記者編著此書之本意，究何爲而自乎？

竊自粵市淪陷，同胞集居港澳，往來內地及國外者，尤以濠江爲必經之咽喉；擠處一室，身心咸感弗安；問津維艱，每多徘徊歧路；況禁俗未諳，觸網堪虞；嗜習不良，易趨墮落。蒿目時艱，良用悱惻！記者因本已往精神，廣事採訪，蒐集濠江勝景，社會情態，居留律例，暨日常生活常識，編譯成書；俾作游覽居留之助；庶幾導趨高尚娛樂，予人便利而已。至于臚列僑團組織，工商事業，則所以策勵奮興，冀挽國運民生于萬一耳。謭陋淺薄，自知不免；訛誤魯魚，待正大方。

編者識于建　廿八年春濠江旅次

目錄

梁彥明先生序

游・樂事也。觀察山川形勝，憑吊古代英雄・聖賢・美人・帝王遺蹟，探討自然界景物。由是而開拓心胸，發思古之幽情，抒文章之妙理。其大者更以游而發現人生哲學，知社會之現狀，有以糾正其失，是則游之用爲大矣。吾人試觀史遷之文，靈運之詩，以遊而有以成就；孫總理北至黃河，中游長江，以至歐美，考察其風俗・政治・經濟・文化，而能作爲三民主義，以致力革命。則遊之目的不同，而當注重其大者遠者，則又在人之自擇而已。澳門爲珠江口外之小島，與香港東西相望。商業不甚盛，富商大賈，或足蹟所不至；煙賭未禁，妓院林立，市廛湫溢，風雅之士，或不欲來游。然此耳食之言，實未察馬蛟之廬山眞面也。

夫澳爲西方文化輸入最早之地，載在明史，來此考古，或得十一於千百焉。至如風景之幽雅，若南環步月，西灣觀濤，白鴿巢公園之消夏，松山馬蛟石之遠眺，新口岸之游泳垂釣，莫不具自然之美。至若普濟禪院蓮峯古廟得幽靜之趣，此雅人逸士流連而不忍去者也。若夫動的社會，則娛樂場，跳舞場，劇院，以至門蟀・賽犬・跑馬，無不光怪陸離，入其中，令人嘆觀止。放浪不羈之士，來游而偶一爲之，亦足開眼界，知社會之現狀，有改良也。

黎君子雲，何君翼雲，近編澳門游覽指南一書，成於抗戰時期。是時澳地人口激增，而華北華中之當代表表者，亦多來此，外人之來港者，亦必迂道到澳一游。則是篇之作有益於游者多矣。書成索序於予。予感於游之用，又以游者不特須遍世界名都，其小焉者雖一丘一壑，亦自有其可游者在。爲世之好游者告，且佩二君之苦心孤詣也。遂書以歸之。

建國二十七年十二月新會梁彥明序於崇實中學校之求是齋

麥棠先生序

戊寅之秋，余與何君翼雲黎君子雲避地濠江。異日同游於白鴿巢之公園，登高而望，全埠境物，歷歷在目；然青樹翠蔓之山邱，蒙絡搖綴之園林，崇樓傑閣，環列左右，咸不能舉其名；乃顧謂何黎二子曰：北平・上海・香港・廣州皆有名勝記載，以利羈客之遊覽；澳門爲西南名埠，胡可獨闕？吾子雅善記述，其亦有意於此乎！書成，余當爲之序。何黎二子笑諾，自是則見其竟日奔走調查，歸則相與伏案寫記；一燈熒然，輒午夜不已。兩閱月而書成。舉以示余，余瀏覽之下，覺其內容豐設，洵屬難能。復與之登白鴿巢之巔，指點名勝，濟如列眉。於是相視而笑。歸而綴約序其梗概如右。

中華民國廿八年元月中山麥棠

何仲恭先生序

入境問禁，君子所慎；訪俗採風，希世所宗；甲地民情，恆與乙地而互異；彼方政教，常與此方而少殊。邇者華南不靖，避地者絡繹於長途；樂國匪遙，捷足者先登乎兩局；眉摩轂擊，擁擠不堪，蟻陣蜂羣，突破紀錄。猗與盛哉！位於東者人烟素來稠密　交通總滙，早負盛名，而尺土寸金，人所共曉。不獨此也，繁囂則有餘，清幽則不足，每於快意之頃，仍不能無缺憾焉。至位於西者，是名濠鏡。一泓綠水，幾點青山，漁歌作歇之餘，暮汐旋生之候，柳隄綿遞，緩步爲宜；飛閣高臨，徵歌是適；鴿巢曲折，正堪夏日以流連；螺培盤紆，亦合春朝之遊憇；東西對峙，望洋可陟乎層巔；內外溝通，聯絡有憑於一線；四方輻輳，萬物輪環，僑居久者，猶感耳目之昏花；陌生來者　焉有不神魂而顛倒者哉子甞黎君翼雲何君等學有淵源，濃眞卓犖；征衫甫卸，即着手以編書；聞見果眞，乃深夜猶揮筆；書成不朽，端豈造福於人寰；名與俱傳，定必流芳于宇外；琳琅滿目，珠玉連篇；行見紙貴洛陽，人手一編而爭觀；板鐫濠海，刊重百次亦無餘；書果南針，迷途是賴；錄同北戶，考証尤資。快睹書成，欣於作序；自慚荒廢，待正　高明。

中華民國二十八年己卯上元節北平何仲恭序於濠江寄園

（北戶錄唐段公路撰載嶺南風土頗賅備於物產爲尤詳注題龜圖撰不詳姓氏徵引博洽多足資考証者）

一紙風行

施基喇題

琳瑯滿目

徐佩之題

奧微盡抉

北平何作恭

澳門遊覽指南出版紀念

海鏡南針

梁後源敬題

瞭如指掌

李際唐題

旅行津梁

周宇昂

澳門遊覽指南題詞

瞭如指掌

開卷有益

澳門旅行指南出版紀念

李君達敬題

澳門商會主席徐偉卿

遊覽指南紀念

不虛此遊

高可寧題

瞭如指掌

徐傅霖題

英記餅家

正牌蛋奶大光酥
著名欖仁猪油糕

專賣靚餅

唯一正式蓮蓉餅
自製正原塘蠔油

澳門新馬路||電話一三三九

鴻合

·蟹欄·

原塘蠔油
幼滑香蝦
頂角羔蟹
十足肉蟹

地址 | 澳門 | 新馬 | 路口

支店福隆下街
電話二二三五

一品陞大酒家

花筵
酒酌
著名
油鷄

大芳電版

山水
名茶
星期
美點

電話
地廂二六六七
三樓二六六八

大昌隆號

專辦江西名瓷
石灣瓦器各江
山貨零沽批發
價格克己澳門
營地大街九十
四號電話七四五

富昌銀號

專營

各國紙幣金銀
找換滙兌銀兩
快捷妥當諸君
光顧無任歡迎

澳門廣東銀行

本行以爲
僑胞服務爲
宗旨經營華
商銀行一切
業務各種存
款利息優厚
國內外滙兌
取費低廉代
理租務兼營
保管箱租費
相宜所有一
切手續無不
快捷通融

行址：十月初五街
電話：營業部二三二三
司理室二三二四

·代理中央信託局·

水火人壽各種保險

資本雄厚賠償快捷

南粵烟公司出品

雙煙牌香烟

色味好
價公道

好景象香煙

味醇香
色金黃

前進牌香煙

枝　枝
沽銀
壹毫　半毫

澳門
中央大酒店

交通部

濠江每日 港澳開
上午八點三來澳
下午四點正返港

交通每日 港澳開
下午兩點半來澳
半夜三點正返港

大倉尾樓帆布椅概不收費

旅業部
酒菜部

二七樓
娛樂場

交通客脚表

西餐房	唐餐房	交通位	尾樓	大倉
單程 來回	單程	單程	單程	單程
三元 五元	二元	來澳收港銀八毫	來澳收港銀七毫	來澳收港銀三毫
港銀	港銀	往港收毫券元二	往港收毫券一元	往港收毫券五毫

六國飯店
通宵營業
營業種類
酒菜部
茶麵部
星期部
燒鹵部
瓦罉飯部
長期部
澳門
十月初五街
電話二五七四

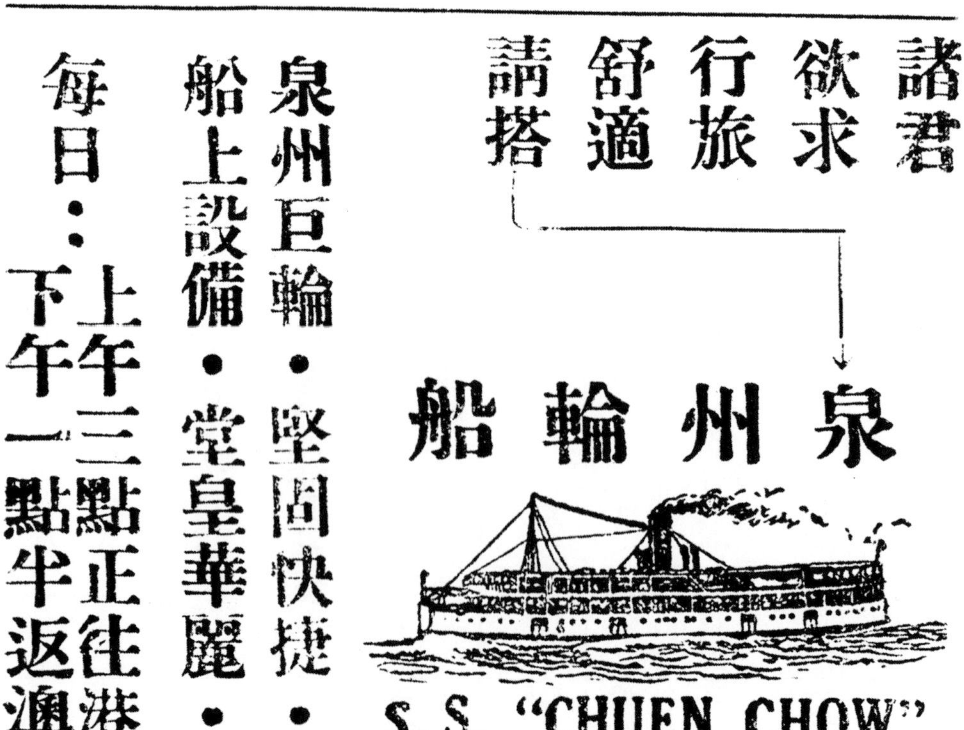
諸君
欲求
行旅
舒適
請搭
泉州輪船
S. S. "CHUEN CHOW"
泉州巨輪・堅固快捷・
船上設備・堂皇華麗・
每日：上午三點正往港
下午一點半返澳

粵港澳叻

全新線衫廠

三零三牌 303

五零五牌 505

宮燈牌 註冊 宮燈 TRADE MARK

三個五牌 555

建國紀念 77 七七商標

各嘜線衫

出品精良

物質優美

各土洋貨號

均有代理

大芳製版

總工廠：香港深水埗塘尾道二百一十二號至二百一十四號（電話五一壹八零）

總發行：香港上環畢街門牌五號（電話二三三六三五）

分行：星嘉坡哨嘉拿街（即山仔頂）二十六號（電話四三四五）

分廠：澳門俾利喇街門牌四十五號至四十七號（電話二三四六）

枝廠：廣州市豐寧路八十六號至九十二號（電話壹七壹二五）

枝行：瓊州海口大興街門牌五十六號

歷史

澳門爲歐人來遠東最早之居留地，過去歷史，頗爲悠長。溯其開創之始，謂於十六世紀之一五五七年（明嘉靖卅六年）葡人卽已遠至是地，開始居留，從事拓殖。據言有亞爾華士（Jorge Alvarez）者，於公曆一五一五年（明正德十年）乘漁舟初抵華境，其地近於中山之三灶島；後三十六年，又有葡籍貨船避風擱淺於附近沙岸，該地卽爲亞媽港（Amagau）。及後始易名爲澳門（Macau），蓋以「馬蛟」與「媽港」同音也。據澳門記畧云『濠鏡澳之名，著於明史，其曰澳門，則以澳南有四山離立，海水縱横貫其中成十字，曰十字門，故合稱澳門。或曰，澳有南台北台兩山相對如門云』。是本澳于明代時，名曰「濠鏡」；現則有別署爲「鏡湖」「濠海」及「濠江」者也，然據葡史稱：謂澳門之開發，乃由葡國航海家嘉馬（Vasco de Gama）于公歷一四九八年率其從者繞菲洲海峽，遠航抵東印度，及後其從者拉飛爾（Rafeals Perestrelo）於一五一七年到中國，至一五五七年葡人乃居留澳門云。如今嘉馬氏之銅像，尚聳立於本澳之荷囒園也。至於葡人抵達澳門之年期，據宗敎家馬禮遜（Morrison

）謂于公歷一五三五年（明嘉靖一十四年）即有葡人到達，至一五三七年乃居留墾僻，而中國史書紀載則爲公歷一五零年（明嘉靖廿九年）但葡人公認澳門開創爲一五五七年」。查澳門之未開發也，原爲中國之荒蕪半島，祇有漁舟泊於其間，迨葡人居留與華人共同墾殖，歷久乃成中西貿易之商埠，至紀元一八八七年（光緒十三年）清政府訂約許其長久居留，並於前山設關征稅（即拱北關）自是中西交通漸繁，商業因以振興，歐人遠至東亞貿易，教士群來佈道，東西文化之溝通，多以澳門爲根據地，當日舟車輻輳，商賈雲集，迄十九世紀中葉，本澳猶操中西貿易之牛耳，後以各種影響，澳地漸失其優勢，乃落于次等地位，近只佔一部之商業，貿易額每年約五千萬元，此本澳沿革約畧概況也。

地勢

全澳土地，約四方英哩，形屬半島。前臨大海，後枕前山，位于珠江西南，距廣州約九十英哩，西北中山，離縣城約六英哩，三面環海，石堤宏偉，美景天成，陸路祇通中山，與其五區啣接，其界限爲關閘。澳外島嶼林立，海港紛岐，其東爲東澳山，再過爲九星洲，九峯分列，下卽九洲洋也，又過爲零丁山，東(莞)新(會)二縣分界卽在於此。該地之北二百里有二門，曰虎跳門，曰蕉門，粵之海道分三路，此卽其一也。澳西約三英哩爲北山，附近鷄籠洲，橫洲，白藤，大淋，小淋，三板洲，大小磨刀，大小托山等諸小島皆環聚於斯。澳之南約二里左有氹仔島，右爲摩囉埠(舊名舵尾)，路環與橫琴兩島則位列於外，四山幷峙，當中水流，形成十字，商船出入，路必經此，畧東爲老萬山，東西二峯相對、澳之北卽前山也。

地勢

查澳境之內，地勢雄壯，東西望洋二山拱立，北麓有馬蛟石山，東南两地建設爲街市，商店薈萃於東邊，各江碼頭建設於此。人口繁密，店戶櫛比，西南多政府機關及學校，住宅半爲西人所居，樓宇構築頗宏，襯以堤邊帆影，浩海波濤，堤畔座椅廣設，以供遊客休息，此爲澳門之遊樂勝地。東北方面之新橋區，爲住宅之優境，其中柯高馬路，綠樹參天，建築華麗，極盡都市之勝概。西南海港，昔日怒濤澎湃，風波爲患，今已建成優良障水堤，風平浪穩，已非舊觀矣。該處漁船環泊，各新式洋船碼頭行將次第竣工，自後本澳商港，可以灣泊二十五呎排水量之大洋輪矣。

氹仔

、氹仔及路環兩島，稱為澳境屬地，均位置於本澳之南，中國之大小橫琴兩島居其西。氹仔面積約二方基羅密達半，高峯達四百英呎，土地肥美，居民集聚成村，風景幽雅，中有軍營，學校，教堂，與秀麗之住宅，村後為空濶之海洋，漁船頗衆。

路環

路環島位於氹仔南面一英里半，面積約六方基羅密達半，該島之「高佬山」高度達六百英呎，全島縱面二英哩，橫一英哩，峯巒起伏，田土肥美，禾稻繁盛，菜蔬菓木，雜植其間，海產魚類尤多，年中網獲甚巨，而四週景物，美不勝收，風帆掩映，海鷗翱翔，遠望浩蕩碧天與太平洋一色，其未來富厚寶藏，蓬勃生產，正方興未艾也。

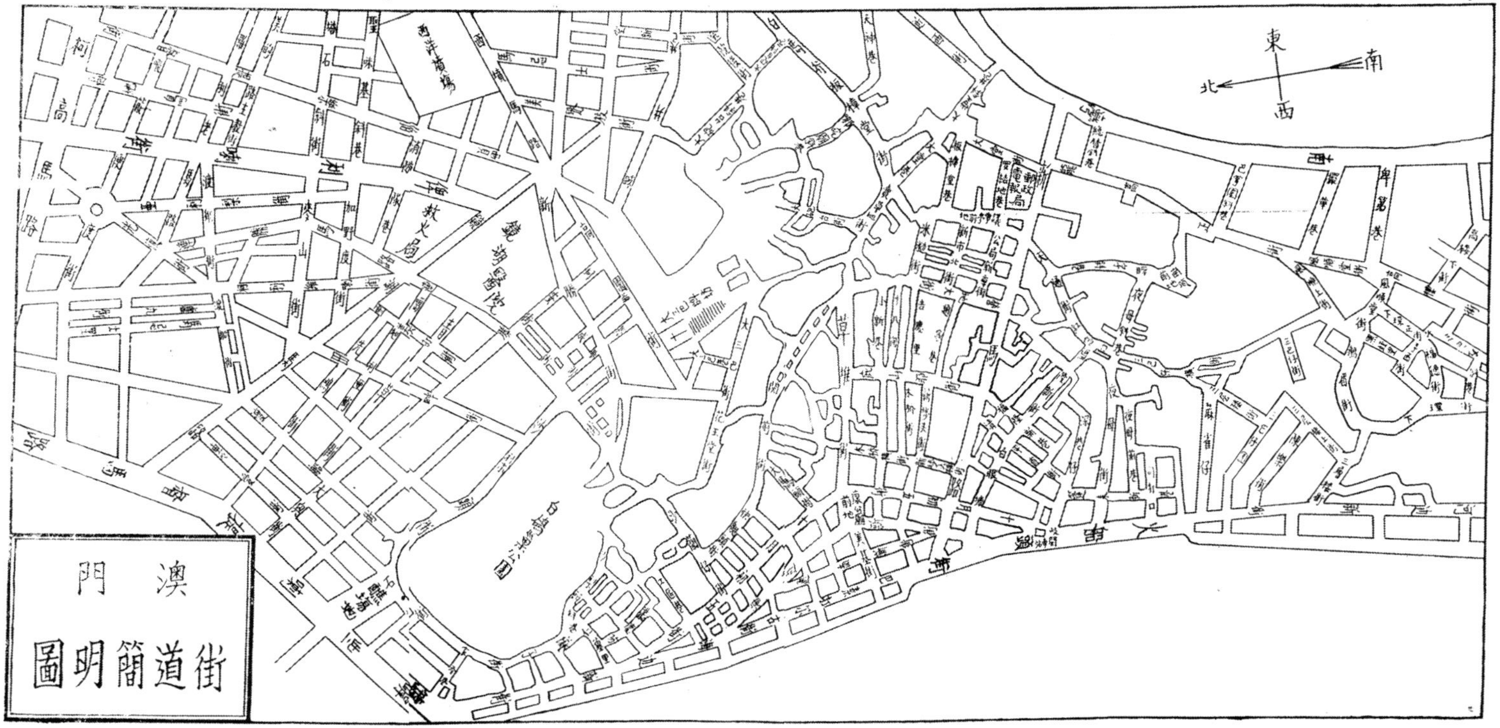

澳門

街道簡明圖

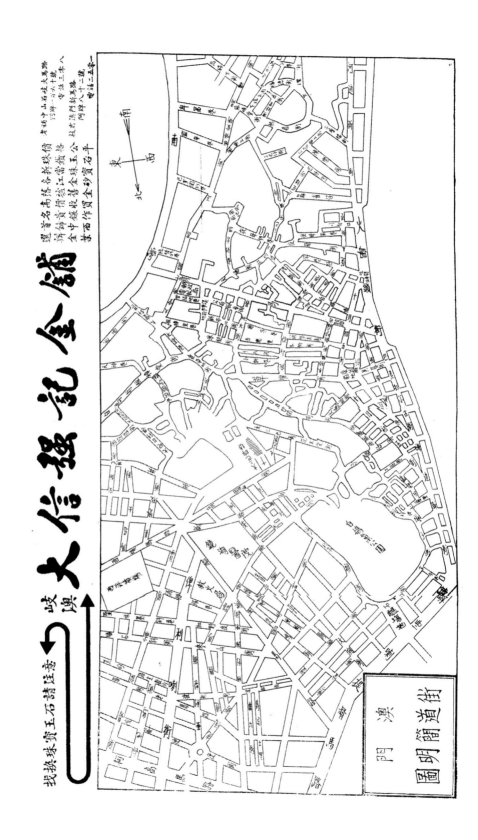

氣候

澳門處於東亞中國之南部，地屬溫帶，在經線爲東部一百一十三度三十三分三十秒，緯線爲赤道之北二十二度十一分三十秒，故氣候溫和，著稱爲南中國最良氣候之區域。根據近十年之統計，平均夏日爲華氏表八十三度，冬天爲華氏表六十度，寒暑之相差，其間祇廿三度耳。此中氣候之溫良，風雨之調順，寔最適宜於休養憩居之所，游樂衛生，無不臻善。至海濱空氣之清新，南環風景之恬靜，地方景色之秀美，及歷史古蹟之衆多，爲不可得之佳境。

人口

全澳人口向稱十五萬，華人佔九成以上，西人三千餘，菲洲黑人及印度警察數百，歐美商人及工程師等亦有多家。中國近以地方不寧，婦孺及難民多暫避居住，故人口突增一倍有奇，全數估計，當超過四十萬以上。至本澳租屋手續，除向屋主訂妥租值，按月繳交上期外，其餘遷居入伙，均不須報警註冊，治安保衛，頗爲週密。

貿易概況

澳門過去爲遠東商業之中心，現在工商業實業仍甚發達；以前葡人之航海船務，曾經盛極一時，及後暫見頹落，然國際貿易，澳門仍有位置，每年貿易統計尚有五千萬餘元之鉅。其中實業，以漁業海產爲最著名，炮竹亦銷行于全世界。又昔日葡人由本澳携橙苗茶種赴歐美、至今遂繁植成爲著名之金山橙及西班牙茶，此爲澳門貿易之榮譽也。

至于全澳貿易之貨物，入口最大宗者有安南暹羅之米；香港之糖，油，棉花，布疋，木料，五金，煤油及食品；中國之煤，鹽，桔水，鮮菓，瓜菜，牛仁，豆類，烟葉，竹器，磚瓦，扇蓆，木柴，炭等；美國及加拿大之麵粉；廣州灣之猪牛鷄鴨；汕頭之蛋類，及葡京之酒類，欖油等。

出口貨物主要者有海鮮，鹹魚，煤，米，棉，糖，布疋，猪等運往中國各商埠；棉花，疋頭，米，蝦蟹，鮮魚，鹹魚，機器，食料，靴鞋，木料，煤，鹽，等運往中山；古玩，鹹魚，烟，酒，草蓆，乾菜，蠔油，竹器，顧繡，生絲，炮竹，茶葉，香燭等運往世界各埠；柈油，豆油等運往美洲，炮竹，海鮮，鹹魚，禽獸及各種食品等運銷香港。

幣制

我國新頒幣制，全國均通行國幣，但在廣東方面，爲權宜適應市塲起見，市面則仍以粤毫劵爲交收本位，本澳貿易，向來沿用粤省毫銀，故市面除通用白銀及銅仙外，國幣，粤毫劵，香港紙，西洋紙等亦甚流通。至於各紙幣之價値，每日均有市情。購買物件，均能直接行駛，折合白銀計算。但繳納澳政府稅收及購買士担印花等，則悉用西洋紙。

交通

本澳爲東亞重要商埠之一，交通向稱發達。十九世紀時，葡人之航業甚盛，歐西交通，槪集於本澳；嗣以各種影響，暫告不展，輪船現由澳至世界各國者，遂已稀疏。茲當局致力於建港築堤，完成後各

交通

大洋輪可以隨時灣泊，將來當能日趨繁榮，前程未可限也。

內河交通，日前省澳線有昇昌恒昌等輪行走，岐澳綫有廣利泰利二拖渡，近因中日戰事停航。惟江澳及港澳二航路，現仍每日均有數輪來往。至陸路交通有岐關車路直抵中山縣城，路長約六英哩，該路在前山分東西二綫，東綫經中山六區直達石岐，西綫則繞道五區三鄉等處始抵縣城，但西綫比東綫路途較長。

市面交通，有街坊車（即長途汽車，又名公共車），自由車（即汽車），人力手車（即東洋車）等數種。及氹仔路環電船。中山縣屬之灣仔則有小艇往來。

公路車價表

	關閘	北嶺	前山	翠微	長沙墟	瀝溪	界涌	古鶴	前隴	蒲家村	那洲	會同	下柵	北沙	長沙埔	翠亨	崖口	南蓢	欖邊墟	土草蓢	大環	陵岡	鰲溪	石岐華陀廟	石大碼岐字頭
石岐華陀廟																									一毫
鰲溪																								一毫	二毫
陵岡																							一毫	二毫	三毫
大環																						一毫	二毫	三毫	四毫
土草蓢																					一毫	二毫	三毫	四毫	五毫
欖邊墟																				一毫	二毫	三毫	四毫	五毫	六毫
南蓢																			一毫	二毫	三毫	四毫	五毫	六毫	七毫
崖口																		一毫	二毫	三毫	四毛	五毫	六毫	七毫	八毫
翠亨																	一毫	二毫	三毫	四毫	五毛	六毫	七毫	八毫	九毫
長沙埔																一毫	二毫	三毫	四毫	五毫	六毛	七毫	八毫	九毫	一元
北沙															一毫	二毫	三毫	四毫	五毫	六毫	七毛	八毛	九毫	一元	一元一毫
下柵														一毫	二毫	三毫	四毫	五毫	六毫	七毫	八毛	九毛	一元	一元一毫	一元二毫
會同													一毫	二毫	三毫	四毫	五毫	六毫	七毫	八毫	九毫	一元	一元一毫	一元二毫	一元三毫
那洲												一毫	二毫	三毫	四毫	五毫	六毫	七毫	八毫	九毫	一元	一元一毛	一元二毫	一元三毫	一元四毫
蒲家村											一毫	二毫	叁毫	四毫	五毫	六毫	七毫	八毫	九毫	一元	一元一毫	一元二毛	一元三毫	一元四毫	一元五毫
前隴										一毫	二毫	叁毫	四毫	五毫	六毫	七毫	八毫	九毫	一元	一元一毫	一元二毫	一元三毛	一元四毫	一元五毫	一元六毫
古鶴									一毫	二毫	三毫	四毫	五毫	六毫	七毫	八毫	九毫	一員	一元一毫	一元二毫	一元三毫	一元四毛	一元五毫	一元六毫	一元七毫
界涌								一毫	二毫	三毫	四毫	五毫	六毫	七毫	八毫	九毫	一員	一員一毫	一元二毫	一元三毫	一元四毫	一元五毛	一元六毫	一元七毫	一元八毫
瀝溪							一毫	二毫	三毫	四毫	五毫	六毫	七毫	八毫	九毫	一員	一員一毫	一員二毫	一元三毫	一元四毫	一元五毫	一元六毛	一元七毫	一元八毫	一元九毫
長沙墟						一毫	二毫	三毫	四毫	五毫	六毫	七毫	八毫	九毫	一元	一員一毫	一員二毫	一員三毫	一元四毫	一元五毫	一元六毫	一元七毛	一元八毫	一元九毫	二元
翠微					一毫	二毫	三毫	四毫	五毫	六毫	七毫	八毫	九毫	一元	一元一毫	一員二毫	一員三毫	一員四毫	一元五毫	一元六毫	一元七毫	一元八毛	一元九毫	二元	二元一毫
前山				一毫	二毫	三毫	四毫	五毫	六毫	七毫	八毫	九毫	一元	一元一毫	一元二毫	一員三毫	一員四毫	一員五毫	一元六毫	一元七毫	一元八毫	一元九毛	二元	二元一毫	二元二毫
北嶺			一毫	二毫	三毫	四毫	五毫	六毫	七毫	八毫	九毫	一元	一元一毫	一元二毫	一元叁毫	一員四毫	一員五毫	一員六毫	一元七毫	一元八毫	一元九毫	二元	二元一毫	二元二毫	二元三毫
關閘		一毫	二毫	三毫	四毫	五毫	六毫	七毫	八毫	九毫	一元	一元一毫	一元二毫	一元叁毫	一元四毫	一員五毫	一元六毫	一員七毫	一員八毫	一元九毫	二元	二元一毛	二元二毫	二元三毫	二元四毫
澳門	一毫	二毫	三毫	四毫	五毫	六毫	七毫	八毫	九毫	一元	一元一毫	一元二毫	一元三毫	一元四毫	一元五毫	一員六毫	一元七毫	一員八毫	一員九毫	二元	二元一毫	二元二毛	二元三毫	二元四毫	二元五毫

（附記）表內價目，係以粵毫劵為本位，現岐關車路來往岐澳客票，每位收粵毫劵三元，合註明。

西幹路車票暫定價目表

	雍陌	沙岡	三鄉
沙岡			一毫
雍陌		一毫	二毫
蒲家村	一毫	二毫	三毫

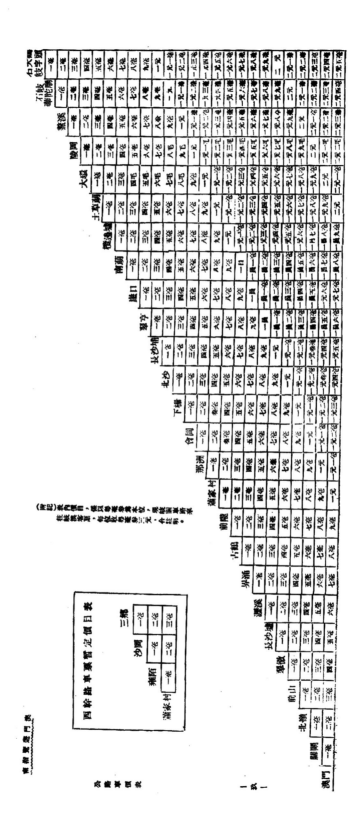

各碼頭輪渡時間表

碼頭名稱	地點	灣泊船名	公司名稱	辦事地點	電話	行走航線	開行時間	終站灣泊之碼頭
泉州	火船頭	泉州				港澳	夜三時往港下午一時半返澳	
招商局	火船頭	濠江	泰生公司	中央酒店二樓	港二三五三澳九七三	港澳	港開上午八時澳開下午四時	寶德
仝上	仝上	交通	仝上	仝上	仝上	仝上	港開下午二時半澳開半夜三時半	兩榮
省港澳輪船公司	司打口	金山	省港澳輪船公司	南環街		港澳	上午八時來澳下午二時返港	
仝上	仝上	瑞泰	仝上	仝上		仝上	港開下午五時半澳開夜三時	
裕和	沙梨頭海邊街	廣福祥	明生	裕和碼頭		港澳	港開下午一時半澳開夜二時	寶德
浩興	仝上	安洲貨船	耀利	香港街市街十二號澳門浩興碼頭	港二五九八零澳二二七八	港澳	澳開上午六時港開下午六時	西江
義利	河邊新街	天一	明生		澳電話二二二四	港澳	港開下午二時澳開夜三時三	平安
仝上	仝上	恒昌	仝上			港澳貨船	夜一點返港日二點返澳	
同安	巴素打爾古街	西安	同安公司	新馬路富衡內		港澳	澳開上午八時港開下午五時	下環
		新洲				港澳貨船	上午六時往港下午二時返澳	
德安		福安				港澳	夜一時返港午一時來澳	
		江蘇				仝上	午四時半返港早八時來澳	
		新民慶 新國慶				仝上	每日開六點	
		安利	四邑輪船公司			仝上	早八時來澳午五時返港	
省港澳輪船公司		泰山	省港澳輪船公司			同上	港開早八時澳開下午四時半	
安泰公司	同上	泰利	安泰公司	碼頭		岐澳	現停航	
同上	同上	順發	源利公司	安泰公司碼頭		同上	現停載客祇運貨往石岐	
惠泉	司打口	運商		惠泉碼頭內		江澳	下午二時至四時載客接駁大安電船	
廣興泰	火船頭	廣祥		廣興泰碼頭內		江澳	下午八時半開行由新會寧接駁返江	堤中路廣祥
同上	同上	新會寧		同上		江澳	新會寧下五時在江門開行	
惠航	火船頭	各種貨船火船仔						
寶興	同上	各種雜船						
合安	仝上	各種雜船						
大利	沙梨頭海邊街	利民拖渡	華南航業公司	大利碼頭		澳門至四邑三埠	澳開單日下午二時往三埠	荻海余家祠對面
同上	仝上	聯商	仝上	仝上		四邑三埠至澳門	四邑開單日下午六時	仝上
德安興記	巴素打爾古街	各種雜船						
平安	仝上	仝上						
同綜輪船公司	巴素打爾古街	昇昌	同綜輪船公司			省澳	現停航	

一捌一

過海船艇

本澳由氹仔路環兩島，及中山縣屬之灣仔鄉，相隔僅一衣帶水，交通有電船及小艇往來，其時間如下：

澳門來往灣仔小艇，泊於火船頭之興記碼頭，游旅搭艇，隨時均有，但處非常時期，夜間往來，則須受檢查，艇費每位收四仙，包艇每次毫半。

澳門往來氹仔及路環電船，在火船頭禎祥碼頭，收費如下：澳門至氹仔頭等收費壹毫半，弍等壹毫。澳門至路環，頭等弍毫，弍等毫半。往來氹仔路環兩島，頭等壹毫，弍等五仙。開行時間如下：頭船上午六時半，二船九時半，三船十二時半，四船三時，尾船五時四十分。路環至氹仔，頭船七時半，弍船拾時半，三船一時半，四船四時，尾船五時四十分。氹仔返澳門，頭船八時，二船十一時，三船二時二十分，四船四時半，尾船七時。

車轎價值

僱用車轎規定價值如下：

七座位自由車：分日夜兩種價值；(由早六時起至晚上十二時止)全日價銀六十元；每座半點鐘價銀三元，一點鐘六元，兩鐘十一元，三點鐘十六元，如過三點鐘外每點鐘以五元計算。(夜十二時至翌晨六時)每半點鐘三元五角，一點鐘七元，兩點鐘十二元，三點鐘十八元，如過三點鐘每點鐘以二元計算。半日(由晨六時起至午三時止，或午三時至夜十二時)價銀三十五元。

過海電船

車轎價目

五座位自由車：日價銀(早六時至晚十二時)全日四十五元，每半點鐘二元，一點鐘四元，兩點鐘七元，三點鐘十元，如過三點鐘每點鐘以三元計算。(夜十二時至早六時)每半點鐘三元，一點鐘五元，兩點鐘九元，三點鐘十三元，如過三點鐘每點鐘四元計算。(半日)(早六時至午三時，或午三時至夜十二時)，價銀二十五元。

人力手車：每三個字或未過三個字均應給銀一角，每半點鐘(或不足半點鐘亦照此計)應給銀二角，一點鐘應給銀四角，每一點鐘如過十分鐘照加多一角，車伕二名照價雙倍，過三點鐘以外另訂價值，否則照上計算。

轎：每半點鐘每轎伕一名給銀二角，(不足半點鐘亦照此計算，餘類推)。

澳門郵電總局

郵費價目表

寄遞區域	信件		信片		明信片		新聞紙	印刷物	盲目人所用凸字印刷品每一千架喇嘛	手寫文字		貨樣		掛號費	掛號回據		快信
	廿架喇嘛以下	每超過廿個架喇嘛以上遞加	單	回信	單	回信	每伍拾架喇嘛或超過伍拾架喇嘛以上遞加	每伍拾架喇嘛或超過伍拾架喇嘛以上遞加		每伍拾架喇嘛或超過伍拾架喇嘛遞加	至少郵費	每伍拾架喇嘛或超過伍十架喇嘛以上遞加	至少郵費		即時繳費	續後繳費	
本澳	三分	三分	三分	六分	一分	二分	一分A	二分	一分	一分	三分	一分	二分	八分	三分	陸分	三十分
葡國（由馬賽經過）	十五分	十分	十五分	二十分	十分	二拾分	二分A	三分	二分	二分	十五分	三分	六分	八分	十五分	三十分	三十分
葡國及非洲西便之葡國屬地（由西伯利亞經過）	二十分	十二分	二十分	肆十分	拾二分	廿肆分	四分A	四分	四分	四分	二拾分	四分	八分	十六分	二十分	四十分	四十分
葡國各屬地	十五分	十分	十五分	二十分	拾分	二拾分	二分A	三分	二分	二分	拾五分	三分	六分	八分	十五分	三十分	三十分
香港	五分	五分	五分		二分	肆分	二分A	二分	二分	弍分	十分	弍分	四分	十六分	十分	二十分	四十分
中國（除蒙古新疆西藏外）	五分	五分	五分		二分半	五分	二分A	二分	二分	弍分	拾分	弍分	四分	十六分	十分	二十分	四十分
外洋各國（中國之蒙古新疆西藏等省在內）	二十分	十二分	二十分		十二分	廿肆分	肆分B	四分	四分	四分	弍拾分	四分	八分	十陸分	弍十分	四十分	四十分

（A）此係指新聞紙須由該報館編輯或其代理人自行交郵付寄而言又無論硬皮軟皮書籍或音樂紙等除各樣非在書面上或在書籍封面上之宣傳品外無論何處所發者其餘概依印刷品類收費

（B）所有新聞紙類係A項所指者得按照所規定印刷品類之郵費減收一半惟須所投寄之地方係准減收者方得照此例辦理

電報代月支目

一月 子
二月 丑
三月 寅
四月 卯
五月 辰
六月 巳
七月 午
八月 未
九月 申
十月 酉
十一月 戌
十二月 亥

代日韻目表

(一日)……東先董送屋
(二日)……冬蕭腫宋沃
(三日)……江肴講絳覺
(四日)……支豪紙寘質
(五日)……微歌尾未物
(六日)……魚麻語御月
(七日)……虞陽麌遇曷
(八日)……齊庚薺霽黠
(九日)……佳青蟹泰屑
(十日)……灰蒸賄卦藥
(十一日)……眞尤軫隊陌
(十二日)……文侵吻震錫
(十三日)……元覃阮問職
(十四日)……寒鹽旱願緝
(十五日)……删咸潸翰合
(十六日)……銑諫葉
(十七日)……篠霰洽
(十八日)……巧嘯
(十九日)……皓效
(二十日)……哿號
(廿一日)……馬箇
(廿二日)……養禡
(廿三日)……梗漾
(廿四日)……迥敬
(廿五日)……有徑
(廿六日)……寢宥
(廿七日)……感沁
(廿八日)……儉勘
(廿九日)……豏艷
(三十日)……陷
(卅一日)……世

說明：拍電者於姓名後附一韻目字，以代發電日期，例如一日即附以「東」字或「先」字「董」字等均可，餘類推。

航空

本澳爲南中國重要通商口岸之一，水陸交通，有如上述；關於航空交通，年前汎美公司飛剪號郵機，在新口岸設站搭客，及輸運郵件，後曾一度停航，自本月起已仍舊恢復航行，現每星期三日在港起航來澳，約午一時左右到達，逗留約三十分鐘起航返港，轉往中國及美洲各地。本澳郵件截止時間，在是日十二時以前收寄。客脚價目，由澳至港每位收港幣二十八元，其他各地，則時價無定，搭客須預早往站購票云。

郵政局辦公時間

掛號信處：由上午八時至下午六時。
候領處：由上午八時至下午七時。
包裹處：由上午九時至下午一時，由下午二時叁十分至四時叁十分。
賣郵票處：由上午八時至下午七時。
掛號信處：由正午十二時三十分至下午三時。
候領處：由正午十二時三十分至下午三時叁十分。

郵箱地點

(一)燒灰爐街 (二)西坑街 (三)風順堂街
(四)下環街 (五)河邊新街 (六)火船頭
(七)康公廟街 (八)沙梨頭海邊街 (九)快艇頭街
(十)花王堂街 (十一)鏵些喇提督大馬路 (十二)三盞燈
(十三)得勝馬路 (十四)荷蘭園 (十五)東望洋街
(十六)水坑尾 (十七)板樟堂街 (十八)草堆街
(十九)關閘口

郵政局辦公時間

無線電價目　電話須知

無線電價目（每字計）

葡國金佛郎三元七角，地捫金佛郎一元，後印度金佛郎一元零五分，小呂宋金佛郎一元，寄往省港輪船公司常川來往港澳各輪內金佛郎六角，寄往中，葡，荷，美，英，法，德，意，比，日，丹，瑞士，挪威等國商船內金佛郎九角五分，寄往其餘別國商船內金佛郎八角五分，香港西紙一角，廣州或由廣州轉廣東廣西兩省各地明碼中文西紙一角五分，暗碼或外國字西紙三角，上海明碼中文西紙一角七分，暗碼或外國字西紙五角四分，上海轉中國各地，明碼中文西紙二角七分，暗碼或外國字西紙五角四分。

澳門電話須知

澳門電話局自動電話規程約畧如下：

（選號）凡打電話，須先取電話部查明號碼，將聽筒揭起，筒叉切勿用手觸動，聞話筒內有不斷之聲音，然後用食指依照號碼字數將號盃按字次第向右撥旋，至盃叉處放回手指，任其由左旋回原位，各字撥畢，聞有高至短之烽鳴聲，則對方鐘响，如發覺有不斷之低音，則對方正與他戶通話，須將聽筒放回叉上，俟過數分鐘再依上法撥機。

（接話）凡聞電話鐘响，須即揭起聽筒答話。

（收線）如講話既畢，將聽筒放回叉上便是。如選號錯誤，亦依上法俟過數秒鐘再打。

（設機）凡欲安設電話機，須取郵電總局表式詳細塡明住宅事務所或商店之用，呈報後俟答定即繳費，後十五日內安設妥當。如各費及電費未繳，則例不先代安設，除話機及護機材料外，話線超過總杆二十五勿外，費用由用戶自理。

（取締）凡屋宇電話，均不准與別屋搭線相連。

（合約）凡准立合約後，即可安設話機，須先繳費一季及規定之安設費，所有各種材料，用戶須負責保全，依式立回收據。合同以叁個月為一期，期滿作為再續。如有下列情形，合同作廢。

一、無論何方如於未滿期先十五日通知不要電話者。

二、利用電話防害公安，或不道德談話，照章規定割線復設者。如再次違犯，注銷合同，收回話機，永遠不准復設，不必由法院審判。（立約繳費，均照行政年度計算，以三個月為一季）。

（納費）依照電報章程規定，應於合同未滿期先十五日繳納下期電話費，過期拆除電話，先於四十八小時通知用戶，然後定施。無論任何籍口，不能照准。如欲再設，照新機計，另納安設費，均上期繳交，無論新設電話或遷移或轉移等非先繳費，不代辦理。

（罰則）凡用戶擅將原有話機路線更變遷移等，照規定價目雙倍科罰，再犯取銷合約另訂。如未得核准將話機線路等移作他用，仍作變更論。

（注意）如話機迹音不清，時響時停，似有物阻者，雙方須將聽筒放回叉上；如欲續談話時，再行撥機，此乃搖筒太速，綫力未駁妥之故。若甲乙兩方談話時，忽聞別聲侵人，須速報郵電局修理。

（費用）由電線總局搭線每年六十元、輪船在碼頭搭線暫用，每廿肆小時二元五角。機關寫

電話須知

字樓商店實業廠每年八十元。總局搭線出街或公地設機每年一百元。話機一個每年二十圓，電線一千勿二員五角，過一百勿照千勿計。

(公機)郵電總局在市內各處設立公共電話機，每接談一次收費一角。

政府衙署

澳門政府Governo da Colonia de Macau南灣街

澳門總督署Palacio do Governo

總督：巴波沙　電話零零八

督署秘書處Reparticao do Gabinete南灣街

民政總局Reparticao Central dos Servicos de Administracao Civil

局長：區維士　擺華巷　電話零七五

財政總局Reparticao Central dos Servicos de Fazenda

局長：高斯德　南灣街　電話零五四

經濟總局Reparticao Central dos Servicos de Economicos

局長：羅　保　司咑口　電話叁二叁

衞生專理局Reparticao Tecnica dos Servicos de Saude e Higiene

局長：高士德　若憲馬路　電話叁一四

華務專理局Reparticao Tecnica do Expediente Sinico

局長：施多尼　擺華巷　電話叁三五

工務專理局Reparticao Tecnicca dos Servicos das Obras Publics

局長：賈華路　水坑尾四十三號　電話三弍八

郵電專理局Reparticao Tecnicca dos Correios e Telegraph

局長：馬　甸　議事亭前　電話五零零

陸軍軍務局Repartscao Central dos Servicos Militares

局長：尼　路　南灣街　電話四弍二

港務局Capitania dos Portos(船政廳，摩囉廠)

局長：邊耶路　萬里長城　電話四零零

澳門市行政局Administracao do Concelho de Civil(政務廳)

局長：亞理士　龍嵩正街　電話零二壹

警察局Comissariado de Policia

局長：亞理士　龍嵩正街　電話零二壹

海島市行政局Aministracao doConcelho das Ilhas

局長：　氹　仔

官印刷局Imprensa Nacional(憲報局)

局長：羅朗也　白鴿巢公園　電話三弍二

檢察局Delegacao da Procuradoria da Repabuicua

局長

政 府 衙 署

澳門遊覽指南

政府衙署

議事公局Leal Senado da Camara de Macau(咁巴喇)
局長：殷理基　議事亭前地　電話九一壹

消防總所Corpo de Salvacao Publica de Macau
所長：高岡寮　連勝馬路　電話零二五

登記局Conservatoria do Registo Predial(掛號房)
局長：

監獄Cadeia Publica(監房)
獄長：　賈伯樂提督馬路

建設工程會Conselho de Administracao das Obras Publicas
會長：　荷蘭園馬路

游客訪問所Pavilhao de Informacoes—Agencia de Turismo
所長：　新馬路

醫生局Posto Medico
局長：蘇沙亞興素　議事亭前地　電話三壹五

華視學會Conselho Inspector de Instrucao Sinico
會長：施多尼　擺華巷　電話四六零

教務行政處Camara Eclesiastica(巴禮王)
主教：高若瑟　大堂前地　電話零五八

審計兼平政院Tribunal Administrativo
院長：美判行　擺華巷　電話三一壹

法院Juizo de Direito da Comarca de Macau
院長：美判行　南灣街　電話叁零零

公鈔局Reparticao de Fazenba Concelhia
局長：勿　甸　南灣街　電話零五五

海島市財政公局(氹仔司咐)
Delegacao de Fazenda do Concelho das Ilhes

氹仔船政分局Delegacao Maritima de Taipa

路環船政分局Delegacao Maritima da Coloaee

警察第一分局　龍嵩正街……電話零三五

警察第二分局　民國馬路……電話零三七

警察第三分局　通商新街……電話零三八

警察第四分局　新勝街……電話零三九

警察第五分局　柯高路……

警察第六分局　美副將大馬路……

警察第七分局　亞豐素雅布基街……電話零肆二

警察第八分局　下環街……電話零四零

政府衙署　天主教堂

警察第九分局　連勝馬路……電話零四壹
火警報警處：　連勝馬路……電話四四七
消防第二分所　河邊新街……電話四四四
消防第三分所　柯高馬路……電話四四五
中華拱北關：　風順上街二號……電話九零七
稅務司：班思德

天主教堂

大堂 *La Cathedrale de Macao*　大廟頂

凡主日暨諸瞻禮日；上午七時解經彌撒，八時本堂解經彌撒，念玫瑰經，聖體降福。十時唱經彌撒。封齋期內；頭台彌撒九時四十五分及講道理，末台彌撒十一時解經。平常彌撒；每日上午七時卅分；八時卅分。

玫瑰堂 *Eglise de Saint Dominique*　板樟巷

逢瞻禮七及每月十三日上午七時卅分爲奉献祈求彌撒于化地瑪聖母。

老楞佐堂 *Paroisse de Saint Laurent*　風順堂街

主日本堂彌撒上午八時，講道理，聖體降福。每日上午七時卅分彌撒。

聖奥斯定堂 *Eglise de Saint Augustin*　崗頂前地

瞻禮六上午七時彌撒。逢十一月廿日耶穌大瞻禮，上午七時彌撒，八時唱經大彌撒，聖體降福。廿九日上午八時奉献彌撒，十時大彌撒；下午五時拜苦路，十時大堂講道理，耶穌聖像出遊。

聖安多尼堂 *Paroisse de Saint Antoine*　花王堂街

主日本堂彌撒，每日上午八時聖體降福。平時每日上午七時卅分彌撒；瞻禮六下午四時卅分講道理，聖體降福。

聖母望德堂 *Paroisse de Saint Lazare*　瘋王新街

主日上午六時卅分講道理彌撒，上午八時本堂彌撒。

主教堂　竹仔室山頂

聖母無原罪堂　十六柱

聖伯多祿堂　馬閣山頂

耶穌教堂

浸信會堂 *Baptist Church*　白馬行街九號

每日上午七時祈禱會。禮拜日上午十一時主日學，十二時聚集宣講福音。下午七時半勉勵研經會。禮拜六下午一時兒童射光會，晚七時公衆祈禱會。

每禮拜一，三，五下午七時半在司吩口福音船佈道。

天主教堂　耶穌教堂

志道堂　馬大臣街七號

禮拜日上午十時學生禮拜，十二時公衆禮拜。禮拜六晨七時爲國祈禱，禮拜四晚七時半祈禱會。

基督教靈修院　麥山街

安息日會　新橋

中國廟寺

普濟禪院……觀音堂……沙崗

蓮峯禪院……蓮峯廟……連勝馬路

媽祖閣……即天后宮……媽閣

包公廟……包公馬路

關帝廟……即三街會館……公局新市西街

康公廟……十月初五街

哪吒廟……大三巴

土地廟……沙梨頭醮場地

蓮溪廟……新橋

竹林寺……連勝馬路

福德祠……下環河邊新街

狀師寫字樓

左次治狀師

新馬路五十號二樓
電話　八七七

Gorge, Dr. Adolfo A.
50, 1o, Ave. Almeida Ribelro
Tele. No. 877

宋耀生大狀師

龍嵩正街二號C
電話　二二一零

Assunçao Joao Correa Pais
Rua Central No. 2-C
Tele. No. 2210

左美古大狀師

新馬路四號二樓
電話　六三零

Gorge, Dr. Americo Pacheco
4, 1o. Ave. Almeida Rideiro
Tele. No. 630

黎登大狀師

新馬路廿一號二樓
電話　六二七

Leitao, Dr. Carlos de Melo.
No. 21, 10. Ave. Almeida Ribeiro
Tele. No, 627

路義士大狀師

南灣街五十三號
電話　七三五

Silva, Dr. Luis Nolasco
No. 53, Rua da Praia Grande
Tele. No. 735

施之古大狀師

新馬路一號F
電話　八三一

Silva, Francisco Anacleto
No. 1- F Ave. Almeida Ribeiro
Tele. No. 831

羅巴度大狀師

新馬路二十號二樓

電話　七四零

Lobato, Dr. Pedro

No. 20, 1o. Ave Almeida Ribeiro

Tele. No. 740

殷理基大狀師

新馬路二十號二樓

電話　七三八

Silva, Henrique Nolasco

No.20,1o. Avenida Almeida Ribeiro

Tele. No. 738

戴名揚狀師

新馬路一號二樓

電話　七五六

Rodrigues, Damiao

No. 1, Io. Ave. Almeida Ribeiro

Tele. No. 756

囉渣狀師

新　馬　路

L. ROCHA

羅德禮狀師

新馬路八號

電話　六三六

Rodrigues Fernando

No. 8, Ave. Almeida Ribeiro

Tele. No. 636

雅盦智大狀師

東望洋斜巷二號

電話　九三三

Gracias, Jcao, Gacque, de Lima

No. 2, Calcada do Gaio

Tele. No. 933

傅齡加大狀師

新馬路一號B

電話　七六六

Franca, Dr. Joao de Vila

No. 1 B Ave. Almeida Ribeiro

Tele. No. 766

賴濟喇狀師

龍嵩街二號E

電話　九四九

H. P. Larangeira

2e, Rua Central

Tele. No. 949

澳門報紙刊物

（名稱）	（地址）	（電話號數）	（負責人）
澳門時報	清平直街	五六八	陸翼南
成立二十餘年，每日出紙一張。			
新聲報	新埗頭橫街七號	五六八	陳仲霱
成立十餘年，每日出版日報午報各一張。			
朝陽日報	大街一〇四號		陳少偉
成立九年餘，每日出紙一張半。			
大衆報	大街一〇四號		陳天心
成立八年餘，每日出紙一張。			
華僑報	紅窗門街七號九號	二三六壹	社長趙斑斕
成立二年餘，每晨出紙一張半，晚刊一張。			
葡文澳門報	*A. Voz De Macau*		
每日出紙一張。			
葡文澳門憲報	*Boletim Oficial de Colonia de Macau*		
每月出版一冊或數冊。			

澳門報紙刊物

名勝風景

・南環花園之瑰麗・

南環

南環位於本澳之南，前臨大海，左桀松山，景色優美。路樹參天，海風吹蕩，空氣清新，遠眺山光海色，漁舟往來，錦帆搖曳，波濤洶湧，爲本澳游樂勝境。每當晨光熹微，漁翁垂釣撒網，飛鳥翱翔，景物超然出俗；而夏日濃陰，冬日不寒，游人絡繹不絕。前清印光任先生有「南環浴日」詩，嘗紀其景曰：『海岸如環抱，新潮浴渴烏，鎔金看躍冶，丹藥走洪爐，舟泛桃花浪，龍盤赤水珠。野烟頓消廓．萬斤溢昭蘇』。至若斜陽晚景，日落西山，豪光萬道，水影返照，浪聲帆影，別具趣緻。故飯後散步，綠女紅男，雜踏其間。或對月以談心，或并肩而觀海，沿堤樹色掩映，笑聲迎人；，鴛侶雙雙．爲最好之談情地。馮秋雪趙冰雪二先生，嘗有詠

「南環晚霞」，及「燈影」詩，茲錄如下：『晚霞淡淡好於羅，一抹蒼山水不波；絕似美人春睡重，枕痕紅艷入修蛾。』『一天無月漏沉沉，堤樹猙獰萬態森；好是疏燈憐寂寞，臨流搖出萬絲金。』又南環望月之景，久已傳頌于本澳人士之口；黃沛功，及趙連城女士，有「南環步月」詩二首。其一：『月色波光一片清，我心還與證空明；江灣拍岸夜來急，淘盡英雄是此聲。』其二：（趙連城女士）『綠樹灣環宛似眉，清霄雲淨步遲遲；堤前流水天中月，一路隨人不肯離。』又何仲恭先生「南環玩月」詩云：『冰輪瑩澈嵌天心，影落明湖耀碎金；颸忽薰風揚素袖，往來暮汐滌煩襟；江皋漁火隨波漾，嶺畔疏鐘入夜沉；寂寞深宵無限思，松濤猶弄自清吟。』路西為南環公園，傍山建築，曲折幽麗，園下廣砌花邸，古木嵯峨，齊整行列，四週環陳朱椅，便利游客憩息，靜覽海景；園畔矗立八角亭，內設咖啡茶座，倦游者品茗其間，更可購餐裹腹，飽挹清芬，游覽至此，確是福人福地也。

西灣

南灣之西端，西望洋山下為西灣。灣前為大海，沿堤遍植巨榕，類皆枝榦蒼勁，綠葉蔭濃，濱海陳列朱椅石櫈，為晨暮散步，盛夏納涼最佳之所。海面錦帆如畫，櫓聲欸乃，波濤澎湃，極饒景緻。黃沛功先生嘗詠二絕云：『吐納魚龍氣，源頭東海來，西灣一片月，盪作金銀台。』『遠望疑烟生，陡起如雪矗，打上山樹頂，隨風散珠玉。』又若華燈初展，紅日西沉，則又錦華萬道，景象萬千，及至皓月東昇，銀波瀲灩，更足發人吟詠也。馮印雪女士「西灣晚眺」詩云：『小立江湄日已闌，蒼波無語去閒閒，晚雲淺降天然畫．絕似鬖頭子久山。』「西灣即景」詩云：『不曾日日到灣前，誰信風光景萬千；最是半珪明月上，

名勝風景

名勝風景

·西環之優雅·

晚霞低向水邊眠。』又梁彥明先生「夜遊西灣」詩云：『澳中清士爲周梁，聯袂遨遊意興狂；時維首夏多梅雨，人間火宅盡生涼；蒼茫領略西灣景，聽罷濤聲看電影。阿香作態示威靈，霹靂頻頻起南嶺，漫漫黑夜誰與俱？惟我三人步復趨；魚龍出沒海之角，雙眸千里窮冥邈，衣襟雨濕何淋漓，手挽銀河濤斯濯。風起水湧浪排山，潮流澎湃似此艱！乾坤整頓待何日？匹夫有責恥投閒，濠江涵跡將廿載，歲月蹉跎髮漸斑！蒼生苦陷滔溺深，力挽狂瀾仗婆心。社會混濁有如風雨惡，浪捲波翻起蛟鱷；弱肉強食說天演，螳螂捕蟬飽黃雀；我生不辰拚與戰，安忍坐視任侵畧？吾懷如此人亦然，相期努力勵仔肩。久雨望晴亂望治，默祝天心如人意。噫！吁！嘻！西灣遊遍復南灣，世外桃源儘此間。』

東望洋

東望洋位介本澳東南，松山峭立，雄視濠江。該山面積約二英哩，瞭望台設於斯。遍

•東望洋之秀麗•

植松樹，故名松山。綠樹婆娑，景色秀麗。東南為內港，漁舟密佈江中。每當旭日初昇，水天一色，萬道豪華，盡收眼底，誠澳門最幽靜最雅麗之所也。全山四週均闢馬路，路傍設小公園多處；建有石桌石櫈，以供游覽憩息之用。水光山色，雅擅園林之勝。東南接馬蛟石，上為螺絲山；下闢水塘，廣可二百畝；南有大石鼓，矗立路傍；二龍喉花園依山建築，壯煌華麗，園上設蓄水池，清澈見底，別饒景緻。西通醫人廟山，上有天文台設立，與瞭望台相掩映。九洲各島環峙，港嶼紛歧，形勢雄峻，為澳門最著名之勝景也。

螺絲山

萬松之北，小崗矗立，綠陰叢中，隱現白灰尖臺者，此乃名著澳境之螺絲山，亦即馬蛟石之所在地也。據言該石之形橢而磽，三石隱然承其下。惜現該址已圮，祇遺故跡宛在。此山不高而幽秀，綠樹婆娑，鮮花披錦，斜路迂迴，現已闢為公園。入門處磚柱新奇，堆花砌草；頂有平臺，園以石欄，登臨眺望，必怡神曠。臺上有土築高臺，形如小塔，迴環而上，可

名勝風景

•馬蛟石公園之清幽•

達于巔，狀若旋螺，故名螺絲山。周佩賢女士有「游螺絲山」詩云：『閒來獨詠山之阿，小立斜陽意若何？如此螺山凴眺好，林梢新水歎于羅。』

西望洋

與松山對峙，屹立于本澳之西隅者，即西望洋也。山頂樓宇高聳，氣凌霄漢，乃天主教之主教大厦。該山形控海隅，高峻卓立。昔日印光任有紀事詩云：『望洋臨絕頂，千樹燭繽紛，照海光搖電，烘天焰結雲。鵲橋疑入曉，銀漢逼斜曛。萬里歸帆近，燈光艷紫氛。』今則景象已殊，然形勢猶壯。山腰滿建新式洋樓，居者可飽挹清風朗月，瀏覽霞影波光。而馬路廣寬，斜坡易上，便利游人，登高攬勝，領畧濠江景色。故晚涼月夜，不小汽車騁馳，蜜侶談情，尤視爲神聖幽美之善地，何仲恭先生「游西望洋山造其極巔」詩云：『聯袂登高縱笑歌，襟懷豁朗鏡初磨，坐觀沿岸紛纓絡，烟水微茫隱翠螺』。

于政府，因得經營綦植，拓地爲公衆游樂之花園，此所以名之爲白鴿巢公園也。然葡人則以之紀念賈梅士，名爲賈梅士公園(Garden de Gamces)。

•賈梅士詩人之隱居洞•

賈梅士隱居洞

葡國詩人賈梅士隱居洞，位于花王堂街白鴿巢公園內。葡人爲追念其高尚品格，豪邁詩文，特鑄建銅像于洞下；並以該園名爲賈梅士公園，(Garden de Gamoes)。又設賈梅士博物院，賈梅士圖書館等以資紀念。該像園以天然生成之花崗石，景色幽緻，爲澳門勝跡。像前碑石豎立，斑爛奪目，上刻有數國名家題讚之文詞。遊人撫石低吟，對於賈氏可歌可泣之歷史，及其名留古今之傑作「葡國魂」名詩，當必感無限欽遲，徘徊不忍去也。

茲附述賈氏之傳畧如次

賈先生於一五二四年生于葡京，家庭爲中落之貴族；幼時就學於著名學校，後升告奄巴大學畢業後，復研究人類學與神學。當時戀愛一女子

•大三巴牌坊之雄姿•

羅伯氏(Edmund Roberts)等墓亦分立其中。考馬禮遜先生(Robert Morrison)於公曆一八零七年來華，首編華英字典，幷譯新舊約聖經，禱文，讚文詩等刊行于世，宣揚基督教義；七年間始得一教徒；至今百餘年，全國教徒已有四十餘萬人；經歷艱險頗多，至一八三四年(道光十四年)乃病逝于澳門。數年前中華基督教會廣東協會舉行馬先生去世百年紀念，幷泐石碑于其墓側，以永申景仰。

大三巴牌坊

巍峨高聳，氣象軒昂之大三巴牌坊，乃矗立於大三巴之高阜上，其所謂牌坊者，寔爲昔日聖保祿教堂(又名三巴寺)之前壁也。查該堂建于公歷一五零五年至一六零二年之間，乃由周秀神甫等所建，以紀念其師聖保祿。保祿爲十七世紀歐洲著名學者；因政見問題，來澳隱居。當時該堂爲中國與日本之天主教樞紐，堂右有耶穌會學院，制度模彷歐洲。至一八二五年全堂被燬於火，僅餘壁立。迨一八三八年，拆去各牆，惟剩前壁，高約十餘丈，壁上刻有聖神耶穌聖嬰(俗稱聖保祿像)聖母及耶穌會四位聖人之像，雕刻精緻，神態如生，歷數百年，飽經風雨剝食，至今猶屹然不動，可見其工作之精矣。相傳該堂下有石窟，藏貯珠寶甚多，惟隧道深遠，海水淹沒，尙無人覓得其所在云。又傳該堂之燬，乃因逸馬傷穀登豐，故燬于火，有英文本禁刋，嘗紀其事。梁彥明先生嘗賦有「大三巴寺坊懷古」詩云：『巍峨可是魯靈光，屹立千尋賸古坊；刼餘紅羊傷逝者！當時教禍厲強梁？』其二：『考證於今闕禁書，燼餘憑吊認僧居。故宮一樣今禾黍，壁影斜陽落廢墟！』

•媽祖閣之巍峨•

媽祖閣

媽祖閣位于本澳東南隅，建于明代萬曆年間。內供天后宮，爲濠海漁民所最崇拜者。據故老傳說：葡人發現澳門之時，即灣泊貨船于閣前沙坦，然今已建築石堤，非復舊觀矣。閣內傍山建築，面臨大海，樹影婆娑，類皆千百年之古木。入門處有牌坊屹立，額曰：『南國波恬』。旁聯云：『德周化宇，澤潤生民。』其二則刻「神山第一」對云：『瑞石靈臺古，新宮聖祀崇』。閣後爲弘仁殿，半山亭，清幽異常，各人題詠頗多，琳瑯滿目。張玉堂先生有詩云：『魚龍朝闕處，勝地著聲靈；玉樹遍岩翠，蓮峯溼海青；昔侵三徑石，行繞半山亭；更上層巒望，煙波入杳冥。』其後和者甚多，半山亭左

名勝風景

有巨石，高可數丈。李謙堂先生題「太乙」二字于其上；側有「海覺」二字。筆勢雄勁，從海上遠望即見；亭畔綠樹參天，鳥鳴上下，石櫈雜陳，遠眺海景，心曠神怡，林國恆先生題詞石上云：「水碧沙明遠眺鮮，蓮花仙島預清漣；岸窮海角應無地，路轉林深別有天，一任飛潛空際色，平分夷夏雜人烟；俗心已托南溟外，獨坐松陰覺妙禪。」其他游客泐名題詩者頗多。閣後曲徑幽處，有石上鐫「障百川」三字，名山勝境，誠令人流連忘返也。何仲恭先生有「媽閣眺望」詩云：『層巒疊障瞰幽齋，碧草如茵靜繞階，晚誦已完聲寂寂，參禪原是苦生涯。』其二：『落日歸帆照眼明，隄邊汩汩暮潮生，倦遊安步屐歌詠，幾樹啼鴉噪晚晴。』又劉紫垣先生詠媽閣詩云：『鏡湖媽祖閣，鑿石構危亭；玉樹名山毓，天花寶座靈；水朝千練白，峯擁萬屏青，遠隔紅塵表，飈飈入杳冥。』

洋船石（蝦蟆石附）

媽閣內有石突出地上，高數尺，面朝海，石上鐫舟形；舟之桅尾刋「利涉大川」數字，是爲洋船石。查該石之由來，謂距今四百年前，海禁未開，輪船尚未發明，航海交通，祇靠帆船。當明代萬曆年間，福建漳州有富賈某，駕巨舶在該處洋面，突遇颶風，該船被風所襲，動盪不寧，全船杷舵不定，搖搖欲墮，勢甚危殆，船內人哀號求救，大洋之間，迄無應者，而風更厲；少頃，有神女立于山側（即今媽祖閣），旋即波平浪靜，舟因而安，遂建廟而祀天妃，名爲「娘媽廟」。蓋閩語娘媽即天妃也。並刋舟在上，以資紀念。廟內又有蝦蟆石，形圓而色青，相傳該石能知風雨潮汐，因以名之曰蝦蟆石云。謂每于風雨之時

名勝風景

，或潮汐初漲之候，該石發爲異聲，如蝦蟆之閣閣焉，因以名之曰蝦蟆石云。

•西灣外之漁舟帆影•

正覺禪院

媽閣左有正覺禪院，亦爲澳島名勝。該院建于清康熙年間，現閩人創設漳泉義學於堂內。院中禪房三兩，雅俗集聚；客堂前滿植盆栽，青奇可愛；殿前朝海處，有窗作圓形，傍有聯云：『春風靜，秋水明，賢士波臣，知中國有聖人，伊毋也力。海日紅，江天碧，樓船鬼艘，涉大川如平地，惟德之休。』院後曠地，建有百姓祠，俾客死異鄉無親無故者，附祀於斯；此乃本澳獨一之設備也。

海鏡石

海鏡石，在媽閣廟之左，屹立海傍，面朝灣仔，綠樹環廻，山石巍峨拱立，爲本澳勝跡之一。該石高逾數丈，上書「海鏡」二字，爲清道光年武林陸孫鼎先生命題，張玉堂先生所書者也。筆勢雄健，字大如鐘，雅俗共賞，故澳人每年髹以朱油，用彰濠江之勝境；游覽者，多攝取影片，以供玩賞焉。

•普濟禪院之壯麗•

普濟禪院

本澳古刹，首推普濟禪院；建于望廈村（現改美副將大馬路）；爲公曆一六二七年（即明天啓七年）所創。遠歷五百餘年，凡經重修十餘次，莊嚴麗雅。院門首有番禺名士梁棟材所書之名聯，文曰：『寶樹琪花，粧出西天竺境。丹山碧水，生成南國蓬萊。』二門聯爲陸滿源先生所撰聯云：『排雲宮闕儼神山，到此蓬瀛眞極樂。滿地旃檀知佛國，嗅來花木有生香。』詞藻優麗，禪機深透。院內花木交柯，紅棉高聳；大雄寶殿前石欄精緻，花樣新緻，殿凡三進，尾座爲觀音殿，蓮台莊嚴，兩傍列十八羅漢，態奇神妙。本澳海防同知馬墀頤書殿聯云：『是法無邊，結歡喜因緣，普遍大千世界。爲善即佛，現莊嚴色相，重新第一名山。』兩傍禪房三五，花木清幽，貝葉清磬，聲聞戶外，游人到此，萬慮皆空。左稱「復一步齋」橫額爲嘉慶伊秉綬先生手筆，字體蒼勁，據傳歷代名僧，屢有卓錫于此。清間海禁初開，上人「跡刪」寓本院，曾賦詩寄東林諸子云：『但得安居便死心，寫將人物寄東林；西童久習諳華語，嬰母初來學鴃音；兩岸山光涵海鏡，六時鐘韻什風琴；只愁關禁年年密，未得閑身縱步吟。』又贈劍平上人云：『避暑眞宜地軸偏，欣將生計在林泉；弟兄聚會惟今日，松竹陰深異昔年；坐老青山添白髮，吸乾滄海種紅蓮；洛伽此去無多路，門外何須問釣船。』客堂有名士聯，文曰：『客至學參禪，聽暮鼓晨鐘，幾番猛省；我來非佞佛，愛竹陰榕影，一味清閒。』又禪房聯云：『菩提有樹原非色，明鏡無台入化機。』更使人參透禪味。而遠水近山，松陰日影，濤聲鐘韻，眞如步出世塵之外也。

•蓮峯廟之幽逸•

蓮峯廟

地以名勝，名隨地易；本澳蓮峰廟，築于市之東北隅；右接蓮花莖，後枕蓮花山，爲澳境之名古刹，建于明代，迄今四百年有奇，門前圍以石欄，廣濶數丈，雕刻頗工。殿深三進，左右爲武帝廟及藥王廟，蓮峯義學設于東舍，前臨大海，遙對青洲，江山如畫，波濤滾滾；廟之西，青山聳翠，每當斜陽夕照，長虹萬道，蔚爲奇觀也。清閒同知印光任詠以詩云：『蓮峯來夕照，光散落紅霞；樓閣歸□界，烟林入錦叢；文章天自富，烘染晚尤工；只恐將軍畫，難分造化工。』如此可見景色絢華，觀覽無盡。廟後涼亭矗立，山腰削成途徑，青松蔽日

名勝風景

•馬蛟石前之海景•

・地草鋪茵，石桌石櫈整然排陳，鳥鳴陰中。梁彥明先生嘗詠詩云：『地勝疑天別，詩人幾度來；近僧今更好，迎客樹宜培；摘古亂篩竹，階幽雨長苔；四圍堪寄傲，紺宇仰崔嵬』。馮印雪分韻云『過雨招提淨，重遊否坐禪；小亭專一角，紅日麗中天；瀟灑還依竹，清香却憶蓮；年來消妄念，無處不安便。』于此游覽勝地，夏日長堪流連也。

水月宮

本澳沙梨頭醮場地前，有水月宮廟，俗名「觀音巖」，依白鴿巢公園小邱築成。纍石錯叠，古榕交柯，入門處牌坊高聳，上鎸「水月宮」三字，爲明代大學士何吾騶所書；字體秀逸，流麗脫俗。廟左爲醫靈殿，右有福德祠，先峯廟等。各神龕傍石建築，或有巖穴生成者。前臨曠地，青洲朝拱，雖不能謂爲名山勝景，然亦足供游旅瀏覽者也。夷考該廟建自清代之乾隆年間，距今不過二百餘年；該牌坊字爲明人所書，據香山(今改中山)邑誌傳何氏爲小欖鄉人，明萬曆年間翰林，官至大學士，崇祀鄉賢，或謂取原本刻上者。名字勝山，足資考証，故并誌之。

名勝風景

青洲

青洲島突出海隅，爲本澳之西北陲；三邊濱海，一望無際，山高數丈，上植蒼松，石氣波光，交映成趣；山腰柴屋數椽，雅俗畢具，樓閣羅列，田肥地美，爲本澳清幽之佳宅區。每屆潮水起伏，撼岸有聲，浪花飛散，狀如銀絲；日落西山，海天一色，粉墻霞映，嬌艷可愛。若乃風雨欲來，煙霧橫江，遠望該山，如黑沙罩翠，波盪堤邊，狀若銀台。前人有青洲煙雨詩云：『海天多氣象，煙雨滿青洲；蓊鬱冬疑夏，蒼涼春亦秋；鐘聲沉斷岸，帆影亂浮鷗；景比瀟湘勝，何人遠倚樓。』讀其詩足見景物之秀美矣。

•西洋墳之碑石縱橫•

西洋墳

市區東陬，松山之西，有西洋墳在焉。四週圍以高牆，塲內榮榮故塚，此爲澳內唯　之公衆埋葬地也。墳上十字架縱橫錯雜，石像精緻奇巧，碑文多哀慟悲怛之詞；墳址整齊，數目逾千，但綠草奇花，專工培植，絕無荒烟野蔓之感。然墳頭故塚，不知埋盡幾許志士仁人。涉足共間，無不淒然悲悼，覺人

名勝風景

生究竟，應思歸路之如何？塲中心建有禮拜堂，歐戰紀念碑，哀莊肅穆，該碑爲去年新築者。塲門終日洞開，祭吊游覽者往來絡繹。

•中葡交界之關閘•

關閘

澳境之最北處，有中葡交界之關閘在焉。該閘初建于公歷一五七三年，至一八七零年乃重修成斯狀。高丈餘，厚亦如之。設有兵房及警所，爲出入境界檢查之處。閘外荒烟野漫，墳塚纍壘，前通三廠之路；舊稱「蓮花莖」，今已闢爲公路；祇見康莊大道，氣若長虹，蓮峯翠擁，蔚爲奇觀。梁彥明先生嘗詠詩云：『關外斜陽一角留，纍纍青塚照人愁！猙獰慘目生何樂？責任如毛死亦休；墦乞幾人驕妾婦，荒傖無個不公侯；百年富貴比優孟，誰是人間第一流』。

附公園地點表

本澳名勝風景，既有如上敘列之衆。關于公衆游覽之花園，亦有多處設備。玆爲便利遊人賞玩。特列公園地點如次：

白鴿巢公園……………………花王堂街
南灣公園……………………南灣
新花園……………………嗬囒園
東望洋公園……………………東望洋山頂
馬蛟石公園……………………馬蛟石
兵頭花園……………………二龍喉

公共塲所

圖書館

澳門圖書館，設立於議事公局二樓；內分葡文英文二部，藏書數萬冊，類多文學史地等古籍，科學書籍亦不少，葡文雜誌報紙頗多，英文雜誌亦有數種。該館現直屬於澳門政府民政總局，有西人管理員管理一切。該館爲公開供人閱覽者，到閱者幷不收費，開放時間，每日由上午十一時起至下午三時止，但逢星期三日放假。

博物院

本澳博物院，現名爲「賈梅士商業及人種博物陳列所」，設於新馬路議事公局二樓，近

公共場所

乃遷至白鴿巢公園憲報局內（聞憲報局將遷移別處，該所預備擴充佈置）。入門處陳列新式鎗炮數挺，室內滿掛中西名畫圖表；對于中國歷代之文物藝品，如陶器，銅器，古玉，古錢，及史跡人像等，搜羅豐富，佈置嚴整，其中尤以澳門之歷史故物，中國之殿帖，宮書及名家扇卷等最爲稀奇珍貴；澳門之地勢模型，在此亦有公開陳列。該所乃由澳門政府設立，任人自由參觀。每日上午十一時起至下午三時止爲開放期間，惟星期三日休假。

游泳場

澳地三面濱海，適宜游泳。每屆夏季，澳中人士，多在南灣新塡海邊（即新口岸）及路環島竹灣等地，建設游泳場。查近年在海濱建公衆游泳場者，計有㈠華南，㈡澳僑，㈢虹虹等體育會，每季每人約收費二元至三元，非會員每人每次收費二毫。另各機關富戶則有私家游泳棚。

體育場

本澳體育運動場所頗多，除各學校建有體育場之外。查公衆體育場計有㈠新橋賽狗場內之足球場，㈡南灣新塡地之源平球場（該場由梁後源黃叔平等捐建，故名源平球場），㈢塔石有華南會之籃排等球場，㈣新口岸有小足球及籃排球場等。

兒童游樂場

公衆兒童游樂場，設于西灣海濱；內有滑梯，跳板，韆鞦，旋轉韆鞦等，範以鐵柵，設備頗好，空氣地點均佳。又荷蘭園幼稚園新設西童游樂場一所，但爲該園幼稚生自用。

娛樂場所

賽馬場

本澳賽馬場，設于關閘附近之黑沙環；由澳門賽馬會(Jockey Clnub of Macao)設立。場面濱海，空氣清佳，養馬數十匹，近年每月約賽跑一次，澳港人士參觀者甚爲踴躍。

跑狗場

跑狗場在本澳新橋望厦附近，場廣數十畝。昔年獵犬高獒，互競疾足；濠江人士，香海游侶，聚觀者甚爲熱鬧。每逢星期六及星期日開跑數次，現因故停辦，場地暫改用作足球比賽之所。

戲院

本澳戲院，約分兩種，專演粵劇者，祇有清平戲院一家，放映電影片者有域多利，國華，平安，娛樂，海鏡，南京等；而此數院之中，劵價既分，影片亦異。多映西片者則爲域多利與國華兩院，多影中片者有南京，海鏡，娛樂，中西片均影者爲平安。茲分列院址如下：

澳門遊覽指南

娛樂場所

影劇場

(院名)	(地址)	(電話)	(放映時間)
域多利	新馬路	寫字樓二六七七 票房二六七五	日場二點半 五點半 夜場七點半 九點半
國華	白馬行	寫字樓五五二 票房五五四	日場五點半 夜場七點半 九點半
平安	新馬路	寫字樓二六一二 票房二三三三	日場兩點半 夜場七點半 九點半
南京	沙梨頭	二二九一	日場兩點半 夜場七點半 九點半
海鏡	下環	八六八	日場兩點半 夜場七點半 九點半
娛樂	新橋	五五三	日場兩點 夜場七點半 九點半

粵劇場

(院名)	(地址)	(電話)	(開演時間)
清平	清平大街	七八五	日場一點半 夜場八點半

醫院善堂

鏡湖醫院

鏡湖醫院，爲本澳華人成立最早之醫院。歷史已有六十餘年，孫總理鼓吹革命時曾執業于斯。院址在連勝馬路；電話八七零。現任正主席，徐偉卿，副主席崔諾枝，梁彥明，値理謝再生，陳亦伯，周合，戴顯榮，吳偉佳，阮維熊，李雁雲，曾錫祺，黃涉川，劉耀墀，李寶書，陳少岩，陳又廉，區照，姚應江，姚滿，黃照，梁孟鴻，容炳文，馮泱等共廿四人，職務分配有鏡湖學校及護士學校，校長徐偉卿，教育部主任梁彥明；財政部主任陳又廉，陳亦伯；中葯部主任梁孟鴻，謝再生；西藥部主任容炳文，劉耀墀；租務部主任戴顯榮，姚滿；工程部主任區照，李雁雲；車務部主任戴顯榮，交際部主任徐偉卿，崔諾枝。職員有司理周豈凡．書記陳發文，庶務徐公範，及中醫生三名，西醫生一名，女產科師三名，看護十二人。該院留醫病房分三等，頭等房五間（每天二元），二等房十餘間（每天七毫）。三等房九間　，每每間可容三十餘人（食宿醫葯免費）。另設留醫施葯部，現每日診症者約三百餘人。附設鏡湖學校，校長徐偉卿，學生五百餘人。下灣鏡湖分校學生一百餘人。另在中山灣仔鄉設有廣善醫局，辦理贈醫施葯，受惠者甚衆。

澳門國家醫院

澳門國家醫院，Hospital G n ral do Governo 位於東望洋附近之山頂若憲馬路，故俗稱山頂醫院。該院位置高雅，空氣清新，西醫療術向甚著名。近年增建新式病房，設備更爲完整。留醫房舍分三等，本澳公務人員減收半費，平民入三等病房免費。院長哥士德。

仁慈堂醫院

仁慈堂醫院，(Hospital de S. Rafael)建于白馬行，故華人多呼曰「白馬行醫院」。該院向由仁慈堂辦事處管理，華人喜受西醫診療者多就之。院址現正拆卸改建，暫遷黑沙環附近。

同善堂

本澳同善堂，始創於光緒十四年。初期祇爲商人聚集之處所，共設義塚（在高沙關閘外），及分送丸藥善書等；迨光緒十八年，由鮑啓明，梁沃明等倡建新址，規模稍大；至民八年，復由高可寧，崔諾枝，麥明等重建爐石塘今址。電話四九谷。內分總務，財務，租務，交際等八部，分設中西醫生贈醫，每年受醫者約六萬餘人，施葯五萬餘劑，施棺，施棉衣，及施接生手術，施賑柴米等；夏季在康公廟前，蓮峯廟，及該堂門首等地施甘露茶；每年七月十四日，舉行水陸超幽。現設有義學一所。學生一百六十餘人。全年經常費，除嘗產收入外，均由各值理及本澳善士捐助。本年值理：主席，崔諸枝，副主席蔡文軒，值理，崔六，黃照，黃仲良，余達洪，馮泱，戴顯榮，盧宗普，黃漢興，徐佩之，李寶書，梁彥明，李如楷，陳伯瑚，鄭雨芬，陸直輿，陸翼南，黃渭林，尹月洲，劉耀墀，葉子如，區照，黃涉川等；其職務分配如下；總務主任崔諸枝，副主任蔡文軒；財政部正主任鄭雨芬，副主任陸翼南；租務部主任葉子如，副主任李如楷；會務部正主任陳伯瑚，副主任，李如楷，尹月洲，黃渭林；工程部正主任區照，副主任崔六；施樂部正主任蔡文軒，副主任陸直輿，余達洪；校務部主任梁彥明，副主任徐佩之，劉耀墀；交際部正主任崔諸枝；副主任徐佩之，馮泱。

仁慈堂

仁慈堂為澳門最先進之慈善組織，亦為西人在遠東最古之慈善機關，受施者人數衆多，數目已難統計。該堂名譽，向頗著稱于世界。其崇偉之堂址，矗立于市中心區之議事公局前。電話九三八，該堂之門楣上，刻有著名之讚美詩歌，（葡文），原詞云：

他不斷從道德觀點造福羣衆，
同情于漂泊者儘量臂助收容；
一片婆心祇為着無告的携捧；
同時他的溫語向着窮苦者致慰。
仁慈堂，原沒有豐厚的積蓄，
可是他的維護力足永不少輟，

醫院善堂

醫院善堂

天天都在微笑中。

仁慈堂，是世上窮苦中的樂叢。

太平洋西岸的一片安樂土，

遍遠東只有澳門可視。

該堂現任董事會主席爲嗎地利亞，書記長飽連務，現辦有診症贈醫所，及白馬行醫院。每日診症時間，定上午九時至十一時。

育嬰堂

育嬰堂處于本澳白鴿巢前地四號，設立已五十餘年，向由天主教嘉拿姑娘主理，收容無父或無母之嬰兒，教養兼施，現受育者約百人。又每日贈診嬰孩，受惠者頗衆。

公衆救護隊

本隊由澳政府辦理，設于連勝馬路消防總所。担任救護本澳居民之火傷急病者。又每日上午九時至九時半贈診普通疾病。

瘋人院

澳政府現設男女兩瘋人院于芒洲九澳兩島，由葡兵管理，男耕女織，並養鷄豚。天主教設教堂于其中。

華人代表

本澳居民繁集，華人數目達二十餘萬之衆；居留貿易是間者，代有聞人。澳政府爲溝通民情起見，每三年特委任華人代表一員，出席政務會議，爲僑胞代達一切，簡選德高望隆，才學兼優，熱心社會者充任之。本澳邑人崔諾枝，李際唐，許祥，盧焯孫，劉玉麟，盧煊仲諸先生，均曾先後充任斯職。現任爲梁後源先生，係已故殷商梁簡先生哲嗣，字子遠，三水縣人，爲歷屆代表之年齡最少者，辦事努力，造福僑胞頗多，對於公益及救國工作，勞績卓著。

華人團體

澳門商會

澳門商會成立于民國元年十二月間。在未組織以前。本澳商人爲商務爭議或關係地方事宜者，多投訴鏡湖醫院處理；及後由蕭瀛洲先生先行組織各行商，並經衙政府批准立案。初由康公廟撥木橋街營業爲會所，至民國廿一年乃於議事亭前十八號至廿號建築會所，是由該會當年總理盧焯孫，崔諾枝等籌備。李際唐，高可寧等捐建。現任正主席徐偉卿，副主席崔諾枝，董事李雁賓，李寶書，鄭雨芬，陳雨亭，謝再生，董慶堂，龍宋傑，書記

華人團體

盧葦舟，馮漢生。至于該會轄下之各行堂會約有二三十家，茲分列其名稱如次：

(行會名稱)	(主席或負責人)	
旅業酒樓聯益堂	鄭雨芬	
猪肉行融合堂	許皓	營地街市晏昌號
猪肉行保生堂	麥海	
香業行	陳聯馨	
柴業行	合德號	
綢緞疋頭行	楊錦璨	草堆街安興隆
鮮魚行	陳六根	
瓷業行	利益行	
酒米行	黃仲良	吳鏡卿
洋貨行	葉子如	羅載生
木業行	沈碧珊	梁偉泉
車衣行	崔養	
中藥行	梁孟鴻	
雞鴨行宏益堂	營地街庚記	
菓欄行	黃鳳岐	
堅炭行協益堂	梁森	

牲口欄行	猪鷄鴨	
首飾行	謝冉生	
醬園行	同益號	
銅鐵行	陳雨亭	
銀業行	陸電明	
當押行	陳植庭	
炮竹行	李寶書	
油榨花生行	甄立蔭	呬嗌街南恩昌號
餅食行	岑甫	
油糖京菓海味	永義堂	
雜貨行	李雁雲	張用之

澳門中華教育會

澳門中華教育會，為全澳華人之學校教職員組織而成。于民國九年經葡政府及粵省教育廳批准設立，以遵照中華民國教育實施方針，及研究教育事業發展地方教育為宗旨。民國廿二年經國府僑委會立案。該會初由劉雅各任會長，近十餘年均由梁彥明任主席。會址在南灣巴掌斜路六號，崇實中學校內。現任第十六屆職員如次：常務兼總務梁彥明，常務兼文書尹梓琴，常務兼財務吳秋榮，理事兼民衆義務教育孔宗周，理事兼調查陳公善，理

華人團體

華人團體

事兼編纂羅致知，理事黃振伯，區瑞墀，鍾榮階，候補理事鄭雨芬，陳貞伯，陸翼明。監事李君達，關公博，張衍雄，何其偉，張劍秋，候補監事繆雨生，梁民全。現有會員約百餘人，為本澳唯一之華人教育團體組織。向與鏡湖醫院商會等聯合辦理救國及增進僑胞利益事宜，成績卓著。

澳門各界救災會

澳門各界救災會，由闔澳各法團，行商，各宗族，及各防廟宇，各教會，名流等所共同組織。于民國廿六年八月成立，正主席崔諾枝，副主席徐偉卿，高可寧，常務委員梁彥明，鄭雨芬，蔡文軒，畢侶儉，陸徨明，陸翼南，梁孟鴻，梁後源，劉敘堂，盧煊仲，劉耀墀．謝再生，總務科主任，梁彥明，財務科主任高可寧，宣傳科主任，陸翼南，稽核科主任姚應江，文書股主任，陳清泉，出納股主任，盧蓬舟，庶務股主任，馮漢生，登記股主任沈禹舲，出版股文非一，勸捐梁益鴻．庶務主任鍾榮階。

澳門救國公債及省防公債勸募分會

主席畢侶儉，副主席李際唐，高可寧。

澳門四界救災會

澳門學術，體育，音樂，戲劇四界救災會，成立于民國廿七年十一月。辦事處現設于大街一百零四號朝陽日報館內。主席陳少偉，總務陳大白，李桂森，財務楊錦璨，曾西，宣傳曾奇玉，廖錦濤，體育梁榮光，李文亘．游藝區才成，樊亘卿，設計蕭秉炎，談漢光，勸銷梁惠民，鮑錞衍。現組有回國服務團，由廖錦濤率領回國服務，團員共有百餘人。

澳門救濟難民會

澳門救濟難民兼管理糧食委員會，爲中葡官民合組，成立于一九三八年，主席高固察，委員羅保，孟打宏，畢侶儉，徐偉卿，陸電明。現設有難民營于路環島上。主任陳竇文，副主任鄧善溥，書記劉公奇　會計郭柄濤，庶務陳秩平。民廿八年四月間收容有難民約九百名，內有難童三百餘名，近進行組織農作隊，及難童學校等。澳門中國青年救護團現派有團員盧宏毅等七人在營服務。

澳門中國婦女慰勞會

澳門中國婦女慰勞會，成立於民國二十六年。會址設于板樟堂五號。前任主席爲梁後源夫人，現任正主席畢侶儉夫人莫翰聲，副主席徐偉卿夫人張瑞英，委員陳李秀芝，崔瑞琛，黃蘇夫人，劉玉麟夫人，徐煥容，彭瑶芝，曾顯綿，李天賜夫人，梁瀛，楊惠馨，鄭黃素緋等二十五人。

澳門中國青年救護團

澳門中國青年救護團　成立于民國二十七年九月。以訓練青年救護人員，組織救護隊征集救傷藥物，實際參加救護受傷兵士難民，及宣傳防空常識爲宗旨。曾訓練二期救護人員，共約八十餘人。現組織救護隊二大隊，總隊長郭尙賢，第一大隊長蔡昌鑾，第一中

華人團體

隊長盧錫祺，第一中隊長維卓軒，第二大隊在編組中。現有團員七八人在[illegible]環難民營服務。該團名譽團長崔諾枝，聶侶儉，團長徐偉卿，副團長梁彥明，高伯英，征集部長陳亦伯，副黃家駒，訓練部長柯麟，副李漢風，宣傳部長郭尚賢，副文非一，總務部長黃子華，副李桂森，文書股郭信堅，會計股李天賜，事務股陳少陵，醫藥股杜輝漢。

記者聯合會

澳門記者聯合會，向設于新馬路澳門民生報內。主席文非一。現下會務在停頓中。

澳門國醫分館

中央國醫館澳門分館，于民國十九年正式成立。館址現設于連勝街鏡湖醫院內。主席陳朗檢，秘書長賴鎮東，董事謝仁山，梁應時，吳玉良，梁孟鴻，葉燦廷，陳協五，劉振昌，李仁山，林春南，梁澄波，趙畋卿，陳仲仁等。

澳門孔教會

澳門孔教會，設于柿山斜巷。往年會務頗盛，向由許祥等主辦；前任會長鄭雨芬，現任主席鄭棠。

澳門功德林

功德林為本澳最大之佛教組織，地址在三巴仔街十三號。該地原為張家齋堂，後因張氏出家，乃將多座樓宇庭園獻出，成立功德林，採「叢林」制，各方僧侶可到處掛單念佛。

向由朝林和尚住持，何東夫人捐欵辦理；與香港東蓮覺院聯絡，現有佛徒百餘人，由楞嚴居士當家，近有海仁法師講經。

佛教解行學社

澳門佛教解行學社，設於白馬行，向由莫某主持，有佛學經典行世。

澳門公進學術研究會

澳門公教進行會學術研究部，成立于民國二十五年十月。地址設于聖若瑟大修院，曾刊行「主心月刊」，指導司鐸許兆福，會長馮嘉祿，副會長盛鴻運，秘書謝亦圃。

聖若瑟公進青年會

澳門公教進行會，在聖若瑟中學，組織中小學青年會，于民國二十五年成立，對于救災捐助救國等工作，甚為努力。指導司鐸許兆福，會長何禮生，副會長陳文莊，會計林榮坤，秘書曾錦祥。

華南體育會

華南體育會，為本澳華人南華兩體育會于民國廿四年夏改組而成。會址設于新馬路監牢斜巷四號，運動場設于塔石，夏季在新口岸建游泳場。現任主席鄭樹芳，委員楊錦璨，曹繼生，黃永年，官永晉，麥荊富，梁榮光，鄭國榮等。內分總務，財務，體育，游藝等部，並有女子乒乓波部，球類分排，足，籃，等三種。

華人團體

華人團體

聯聯體育社

中聯聯星兩小型足球隊，爲增强技術觀摩起見，年前聯合改組爲聯聯體育社，元旦征港歸澳後，再從新改組，內分聯聯隊及聯聯游擊隊，附設乒乓隊，藍球隊等。現任社長盧漢賓，書記梁景湯，財政梁家佩，庶務關騷成，李壇相，足球隊長譚家款，乒乓隊長梁光華，藍球隊長鄧文遠，體育部長林清浩，社址設于大街新填巷四號二樓。

怒吼社

怒吼社，成立于民國廿五年六月。社址設于荷蘭園羅憲新街一號。組有藍球乒乓球足球等隊，對于音樂，戲劇，亦頗努力。現任社長蕭秉炎，總務區志誠，文牘蕭尉成，財政盧斌俠，交際馮顯榮，音樂鄭慶如，體育李醒墀，宣傳黃成洪。

精武體育會

澳門精武體育會，以前頗著盛名，會址現設于鏡湖醫院側。近得畢侶儉，徐偉卿，梁彥明等贊助，現會務正積極推進中；經聘吳德新，趙竹溪，王金樑等担任教授國技，並籌設音樂球類，書報，泅泳游藝等。

乒乓球聯合會

澳門乒乓球聯合會，現設于司吶口十七號陶英學校內。成立于民國十九年，由各校及球隊組織之。上屆主席爲蕭秉炎，現由總務趙善康負責。

籃球聯合會

澳門籃球聯合會，現設于大街一百零四號樓上，由麥荊雷負責。

澳僑各體育會

澳僑體育會，爲本澳各校聯合組織而成；在南灣新填海邊，建有各球場，游泳場，由梁潤七負責。該會側重于夏季游泳運動，故冬季少有進行。其他尚有虹虹體育會，在亞芳素布甚街；由何棠主持。夏季在新口岸，建有游泳場，並組有籃球隊。「雀聯」在雀仔園，向由梁林主理。「公然」在史山街，由余志良主持。「業餘」由東亞酒店職員組織。「南方」在南環，由劉廷揚主理。此均爲華人之體育組織。至葡人之章魚體育會(G.D.A.)，亦常與華人作比賽運動，會長畔盧，會址設于荷蘭園七號。

音樂研究社

本澳音樂研究組織有如下列：

「淘聲」，歷史甚久，地址設于十月初五街康公廟前李君達牙醫所樓上，由陳鑑波，李鏡湖，張達偉等負責。

「蚨蝶」，設于板樟堂街，由莫啓通，何劍華等主持。

「公青社」，即聖若瑟公教青年會之音樂隊，由劉公裕等負責。

「柳社」，由總理紀念中學校學生組織，負責人余萬里，余長富等。

華人團體

公私立學校

「鐸聲社」，則由孔教學校組織。

公私立學校

本澳教育向頗發達，中小學校以前約共有百所，自七七事變，廣州淪陷後，吾粵私立學校，乃相繼遷移來澳，現學校約共百二十家，學生達三萬名；澳地教育極呈蓬勃之象。各學校多為華僑私立，有在廣東教育廳立案者，有在僑務委員會及教育部立案者，惟僑立學校均受本澳華視學會之指導，葡立之學校則受西視學會之督導進行。茲查錄各校列下：

中級學校

(名稱)	(地址)	(校長)
葡國立殷皇子中學(利霄中學校)	塔石	嘉十道
復旦中學	白馬行一號	吳耑炎
粵華中學	得勝馬路	廖奉基
聖羅撒女子中學	家辣堂街	雷淑英
無原罪工藝學校	十六柱	陳基慈
蘭室女子職業學校	水坑尾	甄似蘭

(名稱)	(地址)	(校長)
聖若瑟中學	三巴仔	歐華士
崇實中學	南灣巴掌圍斜巷	梁彥明
尚志中學	南灣	郭杓
濠江中學	天神巷一五號	黃曉生
望德女子中學	瘋堂前地	嚴紹漁
養正中學	得勝路	陳受廷
英文蒙學校	聖味基街	李德

伯多祿商業學校	崗頂前地	賈華路	志權中英算專科學校	賣草地	梁志權

內地遷澳中學

(名稱)	(地址)	(校長)	(名稱)	(地址)	(校長)
總理故鄉紀念中學	白頭馬路	戴恩賽	中德中學	司吩口	李奏平
附屬小學在	南灣		分校在	媽閣街	郭秉琦
廣中中學	南灣	劉年祐	嶺南分校	白頭馬路	何洪年
分校在	高樓街		培英中學	俾利喇街	區茂泮
協和中學	高樓下巷	廖奉靈	越山中學	白鴿巢前地	司徒優
附屬小學在	風順堂上街		潔芳中學	龍頭左巷	姚學修
執信中學	南灣	楊道儀	知用中學	青洲	張瑞權
附屬小學在	天神巷		教忠中學	媽閣街	沈芷芳
培正中學	賈伯樂提督街	黃啓明	思思中學	南灣	李震
附屬小學在	南環		廣州大學附中	白馬行	陳炳權

初級學校

(名稱)	(地址)	(校長)	(名稱)	(地址)	(校長)
民主學校	風順堂街		議事公局男校	大廟頂	羅沙

公私立學校

公私立學校

學校	地址	校長
議事公局女校	風順堂街	保拉
習成學校	大三巴街	劉紫垣
崇本學校	柯利維喇街	劉鴻奇
培育學校	望廈	林晉康
智樸學校	新埗頭街	鮑慧珍
達明學校	鳳仙圍	何其偉
新民學校	羅利老馬路	陳啓鴻
實用學校	戀愛巷	鄭文超
德常學校	柯利維喇街	關德常
翰華學校	連勝馬路	黃沛功
乙奎學校	木橋横街	張乙奎
大同學校	渡船街	鮑仁常
公教學校	瘋堂斜街	劉雅覺
中山學校	連勝馬路	張劍秋
中德學校	果欄街	蘇宋文
立德學校	板樟堂街	嚴仙根
成裕學校	連勝馬路	繆雨生
致用學校	柯利維喇街	葉伯兀
尚賢學校	果欄街	宋蔭棠
陶英學校	司打口	陳公善
崇德學校	關前後街	陳達明
崇新學校	石街	張惠泉
培智學校	賈伯樂提督街	楊心慈
達人學校	惠愛街	何達志
瑞雲學校	河邊新街	陶瑞雲
漢文學校	板樟堂街	孔宗周
蔡高紀念學校	馬大臣街	余美德
錦雲學校	旺廈	鄭雲端
樹人學校	水坑尾	黃潔文
頤伯學校	肥利喇亞美打街	鄭頤伯
子裳學校	紅窗門	林景文
孔教學校	大炮台街	華僑公立
中華學校	板樟堂街	姜文遠
正明學校	鵝眉横街	何甘棠
行易學校	鏡湖馬路	廖埏翥
宏漢學校	大井頭	鄭穀詒
尚實學校	鏡湖馬路	陳逸餘
佩文學校	紅窗門	馮秋雪

—肆陸—

(名稱)	(地址)	(校長)
育德學校	木橋街	李卓安
知行學校	下環街	羅致知
英才學校	庇山耶街	何善志
眞原學校	巴波沙坊	芒德露神父
周樵學校	高樓里	周樵
東方學校	鳳順堂街	劉耀星
淑賢學校	亞美打利卑盧馬路	趙淑貞

女子中學

(名稱)	(地址)	(校長)
又進學校	高樓街	黎中岳
中山學校	羅利老馬路	歐植森
尚志學校	南灣街	郭杓
眞原學校	巴波沙坊	芒德露神父
啓智學校	志里	陸望明
新華學校	高樓街	鍾福祈
勵羣學校	工匠街	吳寄夢
陶英學校	陳樂里	陳公善
孔教學校	大炮台斜巷	澳門孔教會學務委員會
和平學校	賣草地	陳貞伯
進育學校	連勝街	高卓貞
尊德學校	鏡湖馬路	鍾志堅
漢文學校	板樟堂巷	孔宗周
青華學校	肥利喇亞美打馬路	關德貞
養正附小女校	沙嘉都喇賈罷麗街	陳受廷

義學

(名稱)	(地址)	(校長)
平民第一義學	打纜地	華僑公立
平民第二義學	打纜地	華僑公立

公私立學校

澳門遊覽指南

公私立學校

平民第三義學	鵝眉橫街	華僑公立	平民第五義學	石街	華僑公立
同善堂義學	爐石塘	華僑公立	際堂義學	近西街	李際唐
沙梨頭義學	麻子街	蘇澳卿	連峯廟義學	關閘馬路	何寶巖
濠泉義學	媽閣	濠泉董事會	鏡湖義學	連勝街	鏡湖學校董事會
鏡湖義學二校	下環	董事會	孔教義學	大炮台斜巷	澳門孔教會
包公廟義學	連勝馬路	劉華	康公廟義學	木橋橫街	姚滿
平民第六女子夜校	白灰街	華僑公立	永存義學	鏬些喇提督馬路	劉瑞堂
平民第七女子夜校	麻子街	華僑公立	寶覺女子義學	龍嵩正街	何張蓮覺

—陸陵—

內地遷澳小學

(名稱)	(地址)	(校長)	(名稱)	(地址)	(校長)
覺民小學	東望洋街	李貞純	維德小學	厚望街	陳麗貞
德基女子小學	亞利鴉架街	黃秀芹			

酒店餐室茶樓

酒店

(店名)	(地址)	(電話)
中央	新馬路	九八一至九八五及九九七
環球	新馬路	六四七至六四九
新豪	深巷橫街	八二九
廣州	通商新街	七六一
新嘉賓	議事亭前	二弍八二
華人	深巷橫街	五三零
五洲	火船頭	八一四
東亞	新步頭街	二六三一至二六三八
大羣	司啲口	二六九一至二六九四
皇后	夜母街	二二九四

(店名)	(地址)	(電話)
榮華	深巷橫街	九九一至九九三
金陵	福隆新街	二三一三
亞洲	夜母街	九八六
萬香	福隆新街	七二六
上海	十月初五街	六零四
南園	紅窗門	二二九零
大華	議事亭前	二三七二
利爲旅	南環	八一五
竹仔室	竹室正街	二七七二
皇宮	火船頭	

旅店

(名稱)	(地址)
恆安棧	通商新街
鴻泰	美基街
源源	十月初五街
安泰	火船頭

(名稱)	(地址)
陸海通	十月初五街
華南	新馬路
泰安	火船頭
永安	通商新街

酒店餐室茶樓

酒店餐室茶樓

中亞	巴素打爾古街
蘭亭	仝上
新中國	仝上
交通	仝上
華僑	仝上
人和	通商新街
新亞	十月初五街
廣發	燕主教街
廣東	燕主教街
同安	美基街
名利	燕主教街

餐室

(名稱)	(地址)	(電話)
佛笑樓	福隆新街	五八五
中央	新馬路	九九四
美國樓	新馬路	五八六
頤園	清平新街	五六四
太子	福隆下街	八八六
美麗宮	新馬路	
紅鼻哥	水坑尾	八二四
葡旗	水坑尾	二四六一

(名稱)	(地址)	(電話)
式式	福隆新街	
海珠	牢牛巷	
醉霞	大堂街	
中國	荷蘭園	
俄國	荷蘭園	
復興	白馬行	
西洋	亞美打利卑盧馬路	六一零

茶樓

(名稱)	(地址)	(電話)
六國	十月初五街	二五七四
遠來	營地大街	八八七
金龍	十月初五街	弍弍一七
大四喜	新橋渡船街	
新新	仝上	
新橋飯店	仝上	

(名稱)	(地址)	(電話)
平安	營地大街	
得來	十月初五街	八二一叁
添男	十月初五街	
品南	下環河邊街	
富泉	青草街	
西南	木橋街	

酒樓

(名稱)	(地址)	(電話)
一品陞	白眼塘橫街	二六六八
太白	福隆新街	弍二七三
黃桂記	清平直街	二四七八
大來	萬豐當後街	二弍六八
佛有緣素食	白馬行	六八七
第一樓	白眼塘橫街	五四八

(名稱)	(地址)	(電話)
文園	白眼塘橫街	八一弍
中央	新馬路	九八九
隆許記	蓬萊新巷	七四三
泗記	清平直街	七四三
新華	福隆新街	二六八零
黃榮記	蓬萊新街	

酒店餐室茶樓

工廠大商店

鍾勤記	清平新街	二五二九
陸羽居	清平直街	
西湖	蓬萊新巷	二四八三
朝記	蓬萊新街	

工廠大商店

銀業

本澳爲中西貿易之樞紐，銀業自應發達。銀行向有葡政府設立之西洋滙理銀行，近年華商馮順遇等創辦廣東銀行，營業亦甚發達。至華商舊有之銀號，則有(一)富有銀業公司，司理陸電明(二)富衡銀號，司理高可寧(三)同德銀號，司理梁子遠(四)致祥銀號，司理黃豫樵。共約十餘家，每年出入超過百數十萬元。另有錢銀找換店十餘家，營業亦盛。行址均聚于新馬路及營地大街。

火柴廠業

火柴廠爲本澳新興之工業，現有昌明，東興，大光等三家，廠址均設于鏵些剌提督馬路．昌明創辦于　九二八年．資本約港幣三十萬元，每年營業約一萬五千箱，價值五十萬元。男女工人七百名。經理董慶堂，司理董錫光頗能發展其營業，其出品多銷于港澳及南洋各地。原料多用國產，一部葯料則由歐洲運來。近因國人樂用國貨，故銷路激增。其餘東興，大光等廠，由劉耀墀黃涉川等分任司理，均爲華人資本，營業亦見發達。該三廠現爲扶助來澳難民起見，擬設難民糊盒部，以作工賑之計云。

炮竹廠業

製造炮竹廠爲澳門之重要工業，其出品著名于美洲與南洋，每年銷數白萬元，工廠之大者多設于氹仔爲上，現有廣與隆，謙源，益隆等四家，其餘在本澳設廠者亦有多家，工人多用女工，捲筒辮炮則多發出與家庭婦女工作，每廠工人達千名；澳中之橫街小巷，婦人孺子多領紙料回家工作，藉補平民之生計頗多。因澳門對于硝磺藥料抽稅甚輕，故商人多樂于此地經營也。

電力廠業

澳門電力公司，可稱爲本澳新式工業之先鋒，該廠成立至今已廿九年，設有發電機　副，共計有一萬匹馬力。司理爲英商嘉理仁，對于工廠用電甚予便利云。

織造廠業

本澳織造工廠雖不及香港之衆，然近年營業發達，成本低廉，且銷路運輸又甚便利，出品之線衫，線襪，毛巾等類近漸著名，故營該業者漸衆。出品多者現有(一)全新織造廠，司理陳聲始，(二)富華織造廠，司理沈香林(三)中亞織造廠，司理邱爾明。

漁業

工廠大商店

工廠大商店

漁業爲本澳最繁盛著名之產業。漁船之衆，大者達二千艘，小者將及萬數，每年產量向有五百萬元。年來因故驟減；惟所獲數量仍鉅。各魚類或乾晒，或鹽醃，或冷藏，分銷于各地；所製之鹹魚及生鮮之魚，蟹，蝦，蜆等類，美味鮮甜，爲中西人士所同嗜，尤以中國內地，異常暢銷。

船廠業

本澳漁業既甚繁盛，裝船工廠及槳櫓製造自必勃興；且葡人向以航海術著稱于世，華人漁戶又薈集于此，故船廠船塢，在沙梨頭海邊街一帶觸目皆是。其所造成之船艇，除爲漁船漁艇之外，用作載客運貨者亦甚衆。但多爲小廠裝置，偉大之輪船製造業，現尚缺乏也

建築業

近年澳境新塡地帶頗廣，新式樓宇建築亦甚多，故建築工程堪稱蓬勃興盛。各地及南洋運來木料銷路每年達四百萬元。營業鉅大者有㈠區照記，㈡姚燊記，㈢同興公司，㈣厚興公司，㈤崔六，㈥維餘等共廿餘家。

蟹欄業

蟹蝦爲本澳著名之產品，旅客游澳者多喜購蒸蟹，蝦醬，蠔油等以餽贈親友，故蟹欄業在澳地達二十餘家，其所售產品，物美價廉，爲他處所不及。惜近以海疆多故，捕獲少而價略昂耳。蟹欄所銷之蝦醬蠔油，多產自中山海濱，運于路環氹仔各島製造。

糕餅業

猪油糕與光酥餅，爲濠江之馳名食品，遊客均喜啖之。又澳地多咖啡冰室，西餅麵飽均甚暢銷，且近年華人漸嗜餅食，故餅店營業日見發達；新馬路之英記，顯記，荷蘭園和隆，中國，馬慶康公司等爲著名者也。

金飾業

濠江仕女喜裝飾，故金飾店號頗衆多。營地大街之謝利源（司理謝再生），福興（司理姚應江）草堆街之隆盛（司理林百盈）等營業向頗發達。去年粵市淪陷，各金飾店多遷移來澳，數月來新馬路頓增金舖十餘家，如大信等爲其著者也。

書籍業

本澳書籍業，向來不甚發達，近年學校陡增，學生數目達三萬人，故開設書店者，有如雨後春笋，蓬勃異常。除久已開創之（一）中山，（二）右文，（三）世界，（四）光明等書店外，近有商務，中華，小小，中央，文化，錦章，紹榮，大達，光華等書局相繼開設，營業頗盛。

攝影業

濠江美景，不可勝收，故攝影事業久已馳名；近因人口倍增，營業自然繁盛。各家現多集于新馬路，其中著名者如前年獲得全澳攝影比賽首獎之摩登攝影室（司理王文達），以美

工廠大商店

觀快捷著稱之寶文樓（司理羅祝海），他若廬山，鬍鬍，傳眞，明星等均能表彰美景，發揚藝術云。

其他工廠

本澳工商實業，約如上述；至於其他工廠尙有多家；望厦之保血蚊香公司（亞利鴉架馬路電話四九八）．產品甚爲著名。煙草公司如南粵（議事亭前電話二六二一六司理周藻），合衆（南灣街），亞洲（近西街），廣東（南灣），國香（白馬行）等。呂宋煙廠則有達昌（板樟堂街），泰昌（小三巴街）等，各煙廠製品均甚精美，爲本澳人士之所同嗜。其中尤以南粵公司產品較爲精美，用能適合社會銷場，該廠在澳，開設已有十餘年。資本約三萬餘元，均爲華商投資。原料則購自廣西及廣東之南雄與許州等處。每年營業額約十餘萬元。全廠男女工人八九十名。推銷地域，除本澳外　其餘廣州灣，南洋羣島，及地捫　廣西，雲南等地，均甚普遍。雪廠則有中山（電話五五五）．新聯發（電話五八一）兩家，又梘廠之著名者，有好景，三焱等。

中西醫師

中醫

(姓名)	(寓址)	(電話)
李浩然	三巴門	
陳壽康	海邊街	
梁振乾	桔仔街	
錢仲文	關前後街	
鄭錦棠	連勝馬路	
陳英福	營地大街	
張雨農	紅窗門	
陳朗榆	營地大街	二四苓六
陳任枚	嘉野度將軍街	
莫岐珊	福隆下街	
何岳孫	荷囒園	
謝厚初	爐石塘	
陳協五	鏡湖馬路	
張階平	新　橋	
張鑒平	鏡湖馬路	
覃頌平	河邊新街	
梁應時	荷囒園	

(姓名)	(寓址)	(電話)
黎啓康	水坑尾	
陳景燊	青草街	
龍尙慈	高尾街	
鄭少軒	連勝馬路	
陳伯源	三巴門	
陳日昭	沙欄仔	
葉霖清	新橋渡船街	
劉雨亭	下環街市	
鄭啓明	三巴門	
劉振昌	花王堂街	
黃仲賢	花王堂街	
將叔居	爐石塘	
葉燦庭	司啲口	
黃伯麟		
盧渭楠	白眼塘	
鄭仲輝	蓬萊新街	
李鴻恩	和隆街	

中西醫師

中西醫師

趙餘慶	營地大街
梁孟鴻	大街百好堂
談紹如	白馬行
陳蘆隱	板樟堂
鄧頌民	新馬路
朱頌民	司吶口
梁磊堅	爐石塘
郭文超	新馬路椿園
鄺棟材	海邊街
招達和	白馬行三號
洪禮門	白眼塘橫街
程柳平	板樟堂巷
袁淑典	米　街
鄧炳煌	十月初五街
廖苓庵	十月初五街大寧堂
趙政卿	營地大街
梁澄波	天神巷
吳玉良	水坑尾
葉裕泉	菓欄街
李漢風	白馬行
黃安民	草堆街
覃端甫	河邊街
程壽南	新馬路
羅惠良	新馬路
林春南	渡船街
顏章民	荷蘭園二馬路
黃　卿	下環河邊新街
黃天壇	十月初五街
黃元昭	十月初五街
梁奕能	大三巴
呂寶銓	白馬行
黎濟群	下環河邊街
謝仁山	紅窗門
李仁山	營地大街
郭守義	桔仔街
方岳如	桔仔街

李仕南　中醫　內外全科擅理瘡痲痘時疫等症　連勝馬路七十三號

陳仲仁　中醫　內外全科　三巴門連勝馬路六十三號　電話二二五九二

容　文　中醫　內外全科　賣草地街十七號二樓

賴鎭東　中醫　內外全科　連勝馬路

西醫

(姓名)	(寓址)	(電話)
黎　鐸	白馬行	
吳棟華	下環河邊新街	
關志雄	南灣	
黃漢新	新馬路	
郭衡賢	嗬囒園	二二三二
杜飛基	柯高馬路	
潘墉根	嗬囒園大馬路	
湯文令	新馬路	

(姓名)	(寓址)	(電話)
吳弼臣	下環河邊新街	
高伯英	鏡湖醫院內	
吳　鳴	新馬路	
高若漢	連勝馬路	
鄭組文	嗬囒園	
吳楚珩	啊嗡街	
陳大耀	新馬路	二五七九
柯　麟	議事亭前	二四九七

中西醫師

中西醫師

周貫明	新馬路	
麥嘯槑	醫院後街	二七二七
李康節	新馬路	
黎啓康	水坑尾	
郭子明	新馬路	
何斗燦	水坑尾	二三四八
謝澳禎	沙崗三盞燈	
杜兆基	柯高馬路	
擺也	南灣	九二零
何佩德	宜安街	

胡一偉 花柳專科 桔仔街

徐一淞 內外全科 白馬行 電話六零零

趙振東	新馬路	七三零
許雲菴	新馬路	
招蘭昌	板樟堂街	
郭友誠	南灣巴掌圍	
崔偉邦	南灣巴掌圍	
陳文鐸	板樟堂街	
潘夢雲	新馬路	
弩尼士	新馬路	六三二
哥士打	柯高馬路	八九零

女醫師

(姓名)	(寓址)	(電話)
陳雪卿	大三巴街	
彭瑤芝	監牢斜巷	

吳潔貞	夜母街	
高輝德	新馬路	
鄭組文	喃嘸園	
廖慕英	鏡湖馬路	
吳靈芝	鏡湖馬路	
馮俊英	天通街	
何慧珍	板樟堂街	
蘇儀貞	板樟堂街	
吳秀珍	連勝街	
陳愛蓮	新馬路	
談清靈	喃嘸園	
李冰魂	白馬行	
吳善施	南灣	
陶懿生	下環街市	
梁潔英	板樟堂街	

二四七五

本澳自治規約撮要

（一）街道

凡擅掘街道闕孔，鑿裂及插物入地面，拆毀路面，牽引或擲物損壞路面，或有正當緣由，不自行修理者，皆罰欵二元。

傢私什物，建築器材，籮，包，竹等物，除法律許可，或經官署准許，得暫在街上擺列，不碍行人者外，如違罰銀二元至十元。至魚欄或豬欄准通融，尋常在路面，或行人路與明渠上擺賣什物，罰銀二元。除新曆年或特准者例外。

凡慶典，游藝，婚嫁，喪事，在街上搭棚，或竹拱，未經領照者，罰銀五元。

舖店住宅，懸掛蓬帳，除由公局劃一指定外，墻上支出之點，至少離地二勿，帳高至少

本澳自治規約撮要

離地三尺，長不得超過路面三份一，帳面要潔淨，不得穿孔及補縫，每晚收下整齊，如違罰銀五元。帳柱須時常粉飾。

舖戶門口建石級斜板，越出街線罰銀二元。

(二) 潔淨

挑担白灰，瓦渣，爛坭，及各種灰粉，不留心遮蓋，致吹送人身；向街上吹動灰火，及拂拭塵土；衣服，草蓆，物件在街上晒晾放置，鞭撻揚塵；或淋花，與濕水物注射街上或鄰宅；倒卸物體渣滓，菓殼，磁器，玻璃碎，汚穢物件，致損人或滑跌者，皆罰銀壹元。

舖戶不將門前潔淨，及門前水道，不理潔淨者，皆罰欵二元。

在溝渠口倒棄物件，及糞溺者，罰銀弍元。

屋宇外墻，窗口，騎樓，天台，不得懸掛或散置衣服物件，如違罰銀弍元。

(三) 交通

凡在路上來往之人，任意駐足，阻碍交通，經警察勸告不服者，罰欵。

酗酒致醉，不許在路上通行，阻碍來往，如違罰銀弍元。

儀仗巡行等，須先將路徑報明警察，並改正，如違罰銀五元。

獸類在路上行走，須格外謹慎，黃牛，水牛逐對縛繫，馬疋每對用人執韁控馭，牲畜不許繫其足，走獸牲畜放在市內游行者罰。

馳馬不得在市內疾馳。

（四）商店

轉賣舊衣服爲故衣攤，無店舖者曰小販，如故衣攤不領照者罰銀五元；小販不領照者罰銀弍元。

凡拍賣人及拍賣店，須領公司牌照，及負繳保証金之責任，拍賣貨物後，三日內須將賣價及應抽稅數，報知公局書記長，領取憑單赴公局財政處納稅，每百元二元。如報告不實者，罰銀十元至廿元，仍作欺官論，交刑事定罪。

客棧，酒吧，及別種供人飲食者，不許用銅器，如要用銅具，亦要燒青，及隨時整理。

如酒店，客棧，食物酒樓，茶居，㗎啡店，有故意損壞該處渠口地點者。罰銀十元，幷負責賠補。

酒店，客棧，須于大廳懸掛價目表，用中葡英各文，列明每房每床價值。

凡度量衡器，如秤，升，斗，天秤等，須繳呈該管公局較驗；如有欺騙，照章處罰，每次較驗，每件收費弍毫。

（計量器得依中國制度，每斤作六百㗎喇麻計算）。

（五）水泉

損壞污毀水泉，水池，水道，或水缸及在該處洗滌物件者，處罰。

園內及別地之池水，水塘，井等，均須加盖五金質之網，以杜蚊虫；否則須養育補蚊虫之魚，違者照章處罰。

（六）園林

本澳自治規約撮要

本澳自治規約撮要

禁止在花園內採摘花朵，折花枝，踏踐種花草之地。花盆坐欖物件等擅自移動，損壞園內美術，及小樹之發育，與將足踏上欖面者，皆罰銀二元。

園內不得任意投棄紙屑，菓殼，瓜子，涕唾，致汚園地，違者罰。

各種獸畜一律禁止進園，犬類如有犬主親自牽引者，不在此限。如損壞物件，歸犬主負責倍償。

敲擊或攀登公園及路上之樹木，割斷枝榦，剝取樹皮樹葉，及用法損壞大小樹木，或植物之圍障支柱物者，罰銀弍元。

削拔毀害市內空地，大地，花園，馬路，街道等處樹木者，罰。

（七）治安

凡工程需用之棚，架，橋等，須小心蓋搭，無欄干之瓦面，不許登臨，因工程者不在此限。

瓦渣，擸㩐，玻璃，瓷碎，沙坭等物，如非放在指定地點，或未經主人許可，不得擅放如違作侵損他人產業權論。

未得許可，不能在貼近別人墻基，或共有墻基處，擅自開井挖穴，建築水渠或流水道，如違罰銀十元。

公共井泉，由使用人在井圍四週用枝柵或石欄住，使衆人不得在井口坐臥。

電力最易危害人命產業，務須加意謹慎，如路上或屋內之電燈電器等物，未經專辦人之許可，不得將其移動，如應酌商，須向公司監督電燈專員詢問。

（八）防火

未經政務廳許可，不得在室內儲藏乾草，及一切惹火之物；貨倉等處，經設防護者，不在此限，存儲火水，火柴，火藥，及惹火物之屋內，用無玻璃罩之燈者，罰。

市內房屋瓦面，不准建造竹料葵料之風兜。住屋六個月須將煙筒清理一次。燃放炮竹煙花，情形易惹火患，或將火與火燼，吹散於屋宇之內者，罰欵一員。

凡焚化大宗物品，或華人喪事，焚化紙札者，須將日期地點報知公局給照，并代報知該管官員，違者擬罰。

住戶或舖戶有井者，須在門口或墻壁書一西文P字，遇有地方上發生火警，即開門任人入內取水灌救。

（九）健康

凡有傳染病，如痾嘔，黃熱，核，痘，喉，傳染性痾血等症，及其同類症發覺，或有人未種痘者，須立刻報知政廳，如傳染病人身故，即速殮葬，并將住居傢私薰洗。

官員認定種痘時，由公局佈告遵照，本澳人民無論曾否種痘，一律施種，未成年之人，由父母負責，如違罰欵示懲，并強迫施種。

（十）獸類

凡危險可虞之獸類，須設法使其不能危害行人，方可在路上行走。馬，牛，羊，棉羊等，亦須用人督帶看護，如違懲罰。

犬類如染有犬癲症，須斃之，以免危害於人，如違除賠償外，并罰欵弍百元。如有發覺

本澳自治規約撮要

疑染癲症之犬，須禁錮之，以免危害人類牲畜。

所養之犬，於憤怒時將別項獸類咬傷，須將該犬送公局儲藏所查驗。

如激動犬類狂怒，以致咬傷人畜者，罰。凡養犬發生危害等事，槪由主人負責。

養犬須將種類毛色，先到公局註册領照，發牌編號戳印，套於狗頸，如違科罰，違失牌片，請由公局補發，照値繳費，每犬一頭，每年牌照費弍元。

犬類非有公局之牌及口套者，不准在街上行走，如有人拖帶，准免口套，倘有頸鍊而無口套，認爲失主之犬。無論何人不得放犬在街或天階空地叫吠，致防安寧，過境之犬，不過五日，可免牌照，仍須套口，及將原有牌照送局驗明加押。

凡畜牲病死，須在公局指定地點，於晨九時以前，由主人埋葬，雀鳥小畜，准由主人擇地埋之。

(十一) 禮節

禁止在廣衆之中，非指定地點，任意大小便，及在水內洗浴行走，不穿衣服蔽體，裸體，衣服袒胸露肘，卸脫衣衫等。

(十二) 安寧

華人住宅區，幾點龍田村，望厦，沙岡，新橋，沙梨頭，沙欄仔，賣菜地，媽閣，大街坊，白鴿巢前，花王堂街，大三巴，賣草地，議事公局前，天通街，紅窗門，三巴仔，橫街，下環街，萬里長城，摩囉廠斜坡等處，兩便房屋之街道，每日夜後十二時，至翌晨七時，非華人住宅區，由夜九時，至翌日九時，禁止燃放炮竹煙花火箭等物，但天主堂瞻禮，或官員慶賀大典，陰陽曆除夕，至初一初二，各廟宇夜間參禮，中國戲院演戲等，不在禁令之內。

夜後十時至翌晨八時，無論屋內婚喪，均嚴禁吹彈歌唱，鳴鑼擊鼓，各種喧擾之音樂，及別項嘈雜行為，如違處罰。倘在日間八時以後，夜間十時以前者，不必領照，如遇有喪事，低聲誦經，無上項指定樂器者，概不嚴禁。

華人住宅區內，遇有非常之事，欲舉行吹彈歌唱者，公局得查明給予特別准照，以便從事，公局為公衆便宜起見，亦可稍從民間俗例，查核所稟請之准照，為華人公衆事，或為社會事，或為數人之事，亦可將燃放炮竹火箭之禁令暫停施行。

凡吹彈歌唱，燃放炮竹煙花火箭之屬，如鄰近有人反對，因該屋內有病人，或具正當理由者，經醫生証明，不宜於喧擾字樣，報由公局，不得發給准照，如已發給，亦可收回。

有輪車輛，不得濫放鐘號，并禁用吼聲汽筒，擾及人家，如違處罰。

（十三）衛生

售賣雞鴨之店，及舖屋等，均不得將糞溺攪擾積存二十四小時，如違者罰銀五員。

凡將攪擾傾卸於非垃圾塲，如海面或街道鄰屋及四方渠口渠道等，均禁罰。

屋內不許有污坭池沼穢水，及變味之水，房屋地面，須用卑麻油沙，或英坭石屎堦磚舖蓋，坭土則用工打實，以免鼠子竄入屋內，溝渠須保全整理，門前街道，若有破壞，不得逾六個月修理，人行路須整理潔淨，如故意懶惰，將溝渠與地面毀爛者，除照罰外，并賠償。

本澳自治規約撮要

公共塲所，酒店，飯店，食物店，茶居，攤館，影戲院，俱樂部，戲院等，由東主將房屋，及附屬房屋廁所等，整理潔淨，如違罰銀五元，至五十元。

擺賣食品，須用絲綱或玻璃罩蓋，乾品水類，如有收藏過久，以致霉爛，或含雜質，致變味傷人，及經衞生官員到查，認爲應廢棄者，除沒收銷毀棄去外，並罰欵。

凡牛羊之供給搾奶者，由獸醫每月驗一次，如發覺有病，或奶質不純潔，與產後未過五日，不准搾奶。

麵飽糖菓餅干，如發酵發霉，及不熟者，不准發賣，售賣時，裝儎器具，須使蚊蠅不能飛入，沿街叫賣，須用白布包裹，製造地方，及貯原料處，盛裝原料器具，須清潔，用時篩過，排去雜質，及不得用有傳染病人製造。

生菓如生硬，半熟，變壞，除皮者，一律禁止售賣，如違罰銀一元，但除皮之菓，係買回煑食，或裝罐頭者，例外。

凡牧塲，猪圈，牛圈，及存儲獸類備用者，須禀准公局，離民居甚遠，光線空氣充足，方准設立。

（十四）喪葬

凡華人死者，未經醫生核准，不得將屍身他移，違者罰銀五員。

驗屍醫生，應親赴死者屋內，檢驗明白，發給証明書，載明該人死亡時刻，出世地點，年歲，住址，婚嫁，身故原因，到查及埋葬時刻等。

醫生局凡據人民急報，路上或別處有人身故，係屬有可疑病症，或關係中華習俗，或有碍商業等事者，務須速飭將屍遷移。

凡華人患病，送入醫院，至半途身故，得直舁入華人醫院殮房，然後由關係人赴醫生局報告，表明未遵規定領照之原因，俟殮埋時，即行埋葬。如患傳染病者，應立即埋葬，暨將屋宇器物薰洗。

凡按照衞生局章程，第一一六欵之規定，將屍身停留，依華人習慣，俟過三十六點鐘，然後埋葬者，其停留在屋之時，須遵守衞生局方法，否則須停留于鏡湖醫院殮房，如違背者，罰銀五十員。

聖味基墳塲價格；買墳一穴永遠用，一次交足欵壹百員。執骨附葬一穴，永遠用者五十員。租頭等墳一穴二十員。二等十三員。三等八員。四等一元。俱以五年為期。四等墳塲，如係貧窮無力者，得免其租值。

買九丁方勿大之墳，係屬一家人永遠用者，五佰元。

墳塲由公局管理，保全修理委任員丁看守，預防外人擾壞褻瀆，由政務廳巡守墳塲，並禁在塲外地埋葬屍體。

凡屍體如未領牌內指定時刻，不得埋葬，無公局牌片，墳塲不得收受。至傳染病者之屍體，夜間亦應收受，舁送器具，須照醫生指示薰洗，方許出門。

凡墳塲必須築圍墻，使街外不得窺見。墳內佈置，須遵本澳衞生局章程，第四百七十弍欵辦理。墳位編列號數，埋葬滿若干年後，應即檢起，或由公局挖定地點改葬，但不得葬於墳塲以外地方。

（十五）清糞

本澳自治規約撮要

本澳自治規約撮要

各舖戶之糞溺，由公局在陽曆五月至十月之時，於上午四時至六時，採取合衛生之法，將其清運。其餘月份，限于上午四時至七時行之。承收之工人，或公局所招之工人，如不依規定時候，每日清運一次者，照約科罰。

在市內或附近地方，積存屎尿，製造糞餅，將屎尿混合坭土，或灌溉菓蔬，叠搭乾糞堆者，罰銀五元。

不許在房屋內外積存屎尿過廿四小時，如違照罰。

（十六）街燈

縛繫或投擲任何物件，粘貼佈告紙張，於電燈，電報，電話線柱上，與傳電箱，或將紙鳶繞纏，或塗汚燈號，攀登燈柱，皆罰銀三元。未成年之人，由父母或監護人負責。凡毀損電線，電瓦器箱，電燈柱，各種電力機器，傳電機器，與毀爛燈胆者，除罰欵外，另照賠補。無論何人不得在路上或路底，或橫亘路，置設發電發光器，如違經查察報告，除飭拆外，每燈一枝，罰銀二元。

（十七）街市

街市亭各檯位，各人須承賃方得營業，如違處罰。由公局出投，招人承攬，以一年或四年為期。轉賃亦得，租項歸承攬人負責。

房位之外，不准擺賣貨物，各過路未經訂明條件時，應由公局派人清掃，房位內歸居住者清掃。

無論何人，不得私設街市。如呈請設置時，須公局照會醫生局派員勘驗，該地叚房屋，果堪設置，方能批准。

凡在市內各街，或一區之內，擺賣市內同類之食物，由公局察看准否，若准給牌照，該照費以其生意大小而定，照街市檯位租價加多三份之一。

各種牌照費

小販

(一)小販攤及舊料攤，每年納銀四元。

(二)沿街小販，每年納銀弍元。

(三)沿街布販，每年納銀六元。

(四)找換錢檯，每年納銀六元。

(五)手作攤，每年納銀四元。

(六)沿街以手作爲業者，每年二元。

(七)特別小販攤之牌照，係在中國新年或時節所發給者，限一個月期，納銀二元。

交通

(一)載運牲畜，及建築材料，或載運什物之貨車，每年納銀十二元。

(二)出賃之人力手車，每年納銀十六元。

(三)出賃之轎，每年納銀二元。

(四)出賃之脚踏車，每年納銀二元五角。

各種牌照費

(五)運貨物之大自由車，每年納銀五十元。

(六)搭客之無軌電汽車，每年納銀二百五十元。

車輛 (司機牌照，及檢驗費附。)

(一)電器脚踏車，每三個月三元。六個月五元。一年十元。第一次檢驗費十元。入稟再請檢驗，或規定應檢驗，每次五元。司機牌照十元。學習駕駛三元。

(二)半邊無艇形座位之電汽脚踏車，每年六元。三個月二元。六個月四元。檢驗費及司機牌照費照上。

(三)五座位之自由車，每年卅元。三個月十元。六個月二十元。第一次檢驗費卅元。入稟請驗，或規定應檢驗，每次十元。無軌電車同。司機屬游戲者十五元。執業者二十元。學習者五元。

(四)七座位之自由車，每年四十二元。三個月十四元。六個月廿八元。檢驗費及司機牌照費，與五座位同。如座位超過七座位之自由車，每多一位，全年加六元。六個月加四元。三個月二元。

音樂

(一)華人大酒店，俱樂部，每年納銀十元。

(二)酒樓，客棧，及娼寮，每年納銀五元。

(三)吉凶事之特別牌照，不過七日者，納銀五角。

猪牛停頓及屠場捐費

(一)存猪在猪牛停頓所，每隻納銀二角。存牛在牛房，每隻納銀五角。

(二)屠大牛一隻，納銀二元五角。小牛一頭，納銀一元五角。小猪未過十五斤重者，每隻納銀五角。大猪每隻一元。山羊每隻三角。綿羊每隻五角。牡鹿每隻三元。牝鹿每隻一元五角。

本澳市場地點

(一)營地街市……大街

(二)下環街市……下環街

(三)柴船頭街市……通商新街

(四)沙梨頭街市……沙梨頭海邊街

(五)新橋街市……新橋

(六)雀仔園街市……雀仔園

公厠地點

(一)司打口　(二)海邊街　(三)沙欄仔　(四)木橋街

(五)新馬路郵局側

限制業主加租迫遷條例

澳門政府一九三九年三月十日立法證書第五九八號。

第一條‧依照一八九六年五月二十一日律例所定之市區內住宅，如有左列情節者，業主得飭令住客遷出。

(甲)住客可於交租之期限內，經業主催收而不將租銀交付者。

(乙)住客將屋毀壞，經確鑿證明，係住客過失，或疏忽者。或住客未經業主特許，擅行將屋修改，以致減損該屋價值者。

(丙)證明爲保全該屋起見，必要加建工程，不便使住客在內居住者。

(丁)未經業主書面允許，而擅將該屋全部或一部轉租別人者。

(戊)住客將屋移作別用，或未經業主同意，擅將該屋作不適當之使用者。

(己)住客死亡，而無同居之夫或妻或繼承人者。

(庚)住客不在該屋居住，連續至五個月者。

(辛)業主依照第三條規定，正式通告住客，而住客竟超過該條第一第二項所定期限，尚未遷出者。

(附欵)依本條丙項規定，證明有工程必要者，應以工務局所發之證據，或法院根據業主請求執行勘驗判決之證據爲有效；上項二種證據，尤以法院所發證據爲較要。

第二條‧凡市區內屋宇，其租賃合同在本立法證書公布之前，或公布之後訂立者，無論是否依足法律手續，或依法認實，或業主與住客死亡，或該屋已用任何方式移轉別人於業，均不能作為註銷合同，但政府將該屋買收，則不在此例。

第三條．如合同屆滿，業主不願繼續租賃時，須於合同期滿六日之前，請求法院通知住客遵照，但該合同如係經立契官訂立，或經立官契認實載明特別條件者，不在此限。

（附欵一）住客雖接得業主預早通知，但仍可繼續居住三個月，惟須照原來租值交與業主。

（附欵二）如業主能在法院證明取回此屋，確為自居之用者，則可將上項期限減為三十天。

第四條．業主與住客對于收租辦法，如無特別約定者，則業主應派人到該屋收租，如過期三天不到收時，住客為避免責任計，應將租銀繳案。

（附欵）如住客交租，係交往業主住所，或業主約定之地方者，倘不過業主或業主拒不收受時，則住客亦應將租銀繳案。

第五條．依上條所定租銀繳案之法，係由住客於到期之日起，八日內將租銀面交郵政局儲金部　收，作為交租，同等効力。

（附欵一）此項繳租辦法，由郵政局儲金部另設一特別簿籍登記之，隨即發給收據，毋庸用印花紙繕發。

（附欵二）此項繳租　應以業主名義登數，俟業主呈報儲金部委員會證明，確係原入時，即可提回。

（附欵三）關於反對住客繳租存案之事，可於業主起訴迫遷案內，向法院提出一併討論判決，倘該反對案，係另案請求者，其期限應由業主知悉住客繳租之日起算。

第六條．本立法證書公布後，凡市區內居住之屋宇，業主如欲加租，其租額不能超過公

限制業主加租迫遷條例

鈔局核定該屋之每年租息以一．二乘之。

第七條．現在法院已經進行之業主起訴住客搬遷案，未經判決者，如起訴原因不在本立法證書規定之內時，應一律停止進行。

第八條．所有以前關於人民住屋各規定，如與本立法證書抵觸者，均一律不適用之。

較電燈手續

凡居民欲裝設電燈，須用函通知公司，俟派員將安裝材料工程等費計核，通知用戶，及將屋內電燈較妥，即行到公司簽訂合同。交款隨即開始供電，每電一度，收費二毫，錶租按燈之多寡而定，電線費一次交足，分期交照價加一，每枝燈租一毫。無電錶較燈不能超過三枝．收費按燈之燭光多少而定，此種燈胆，須在公司購買。工廠用電每度內毫半。

裝水喉手續

安裝水喉，所有材料工程費用，概由用戶自理。水喉公司接到用戶聲請書，即派員裝設，裝錶人工及印花稅等，共費二元五毫；水錶租每月五毫，用水每度二角八分，各費均以西紙計算。

澳門商業牌照章程

本澳居民叢集，交通幅輳，商塲蓬勃，實業方興，各方來澳投資及從事生產者日增，茲特將澳門政府規定征收之牛藝鈔(即工商業牌照費)條例節錄如后：

(號數)	(生意項別)	(第一等)	(第二等)	(第三等)
一	刻字店	十五元	十一元五角	七元五角
二	酸菓店	三十三元	二十四元五角	十六元五角
三	收買舊料店	二十八元	二十一元	十四元
四	管理別人產業不論在城外城內及有無酬費及管理別人入息者(官廳委派者不在此內)	四十一元	卅二元	二十元五角
五	律師有大學畢業文憑者或無大學畢業文憑者	一百零六元	八十元	五十三元
六	修整脚車或賣或賃者	三十三元	二十四元五角	十六元五角
七	九八行	八十元	六十元	四十元
八	鷄鴨大欄	五十四元	四十元	二十七元
九	外國公司代理處	四十八元	三十六元	二十四元
十	本國公司代理處	二十五元	十八元五角	十二元五角
十一	非中國銀行代理人或司理人	五百十一元	三百八十四元	二百五十五元五角
十二	中國銀行代理人或司理人	四十八元	叁拾六元	二十四元
十三	裁縫店有布疋發賣	四十八元	叁拾六元	二十四元
十四	裁縫店無布疋發賣	三十三元	二拾四元五角	十六元五角

澳門商業牌照章程

澳門商業牌照章程

十五	故衣店	二十八元	二拾一元	十四元
十六	棉花店	三十叁元	二十四元五毫	十六元五毫
十七	儀仗店	三十叁元	二十四元五毫	十六元五毫
十八	魚釣店	二十叁元	拾七元	十一元五毫
十九	檳蔞店	二十叁元	拾七元	十一元五毫
二十	洋鎗店	三拾三元	二十四元五毫	十六元五毫
二一	畫則師	一百零六元	八十元	五十叁元
二二	舂米店	四拾八元	叁十六元	二十四元
二三	舂米及大幫發賣米店	九拾五元	七十一元	四十七元五毫
二四	大幫賣米店	八拾元	六十元	四十元
二五	臘味店	四十八元	叁十六元	二十四元
二六	影相器具店（不能與人影相）	叁十叁元	二十四元五毫	十六元五毫
二七	摩托車店（出賃及修整）	無分等級每駕納銀二十元五毫		
二八	無軌汽車（商業或實業）			
二九	估價人（政府或法庭或官廳所派者不在此內）	叁十三元	二十四元五毫	十六元五毫
三十	雀鳥店	十八元	十三元五毫	九元
三一	油糖店	六十四元	四十八元	三十二元

三二	發售或製造槓箱店	三十三元	二十四元五角	十六元五角
三三	秤店	十八元	十三元五角	九元
三四	山貨店	二十三元	十七元	十一元五角
三五	非中國銀行或支行	一千五百卅元	一千一百四十	七百六十五元
			七元五角	
三六	中國銀行或支行	二百五十六元	一百九十二元	一百二十八元
三七	理髮店	二十八元	二十一元	十四元
三八	波樓無分等級每張波檯納銀	七元五角		
三九	餅乾店	十八元	十三元五角	九元
四十	中國餅食及糖菓店	二十五元	十八元	十二元五角
四一	西餅及糖菓店	二十五元	十八元	十二元五角
四二	綉花店	十八元	十三元五角	九元
四三	酒巴	六十四元	四十八元	三十二元
四四	俱樂部及社會內所設之酒巴非本俱樂部及社會所自設者	六十四元	四十八元	三十二元
四五	酒店及各菜館內所設之酒巴	六十四元	四十八元	三十二元
四六	製造鈕店	四十八元	三十六元	二十四元
七	中國售賣鞋店	四十八元	三十六元	二十四元

澳門商業牌照章程

澳門商業牌照章程

四八 找換錢銀及揭銀與人生息者及買賣找換銀幣暨各項股票或同類交易者	一百三十二元	九十九元	六十六元
四九 各式燈店	三十三元	二十四元五毫	十六元五毫
五十 粥店	十八元	十三元五毫	九元
五一 打石店	十八元	十三元五毫	九元
五二 蘇杭店	卅三元	二十四元五毫	十六元五毫
五三 燒味店	四十三元	卅二元	二十一元五毫
五四 晾肉或臘肉店	二十三元	十七元五毫	十一元五毫
五五 木匠或傢私店	卅三元	二十四元五毫	十六元五毫
五六 煤炭店　賣煤炭人在內	五十四元	四十元五毫	二十七元
五七 當舖		三百四十元	
五七A 按		三百八十二元	
五八 小押		四百二十五元	
五九 酒館	四十八元	卅六元	二十四元
六十 寄宿舍	二十五元	十八元	十二元五毫
六一 茶居	六十四元	四十八元	卅二元
六二 焙茶店	十五元	十一元五毫	七元五毫

六三	貯茶棧房	十八元	十三元五毫	九元
六四	製造茶廠	五十四元	四拾元五毫	二十七元
六五	散賣茶葉店	四十八元	卅六元	二十四元
六六	錫器店	廿八元	廿一元	十四元
六七	散賣英坭店	十五元	拾一元五毫	七元五毫
六八	全帮出賣英坭店	卅三元	廿四元五毫	十六元五毫
六九	製影片館	五十四元	四拾元五毫	二十七元
七十	棉胎店	三十三元	二拾四元五毫	十六元五毫
七一	銅器店	卅六元	二拾七元	十八元
七二	製造小銅器店	卅三元	二拾四元五毫	十六元五毫
七三	燕梳公司	六十四元	四拾八元	三十二元
七四	糖菓店	四十八元	卅六元	二十四元
七五	製造酸菓廠	四十八元	卅六元	二十四元
七六	打纜店	三拾三元	二十四元五毫	十六元五毫
七六A	經紀	四十八元	三十六元	二十四元
七七	醃皮廠	四十八元	三十六元	二十四元
七八	醃皮店	卅三元	二十四元五毫	十六元五毫
七九	散沽皮店	卅三元	二十四元五毫	十六元五毫

澳門商業牌照章程

八十	牙科醫館	五十四元	四十元四毫	廿七元
八一	棧房	十八元	十三元五毫	九元
八二	劃則師及寫畫館	八十八元	六十六元	四十四元
八三	寫字畫招牌店	卅三元	廿四元五毫	十六元五毫
八四	中國船澳	五十四元	四十元五毫	廿七元
八五	中西藥局店	四十一元	卅二元	廿五元五毫
八六	船具店	四十八元	卅六元	廿四元
八七	銀行單各公司兼各行店之傭工人 每月薪金過一百五十元者 (司事人在內)	一百元	七十五元	五十元
八八	承接工程及建造人兼管理工程者	六十六元	四拾九元	卅三元
八九	釘書工人	十八元	十三元五毫	九元
九十	各項工程機器師	一百零六元	八拾元	五十三元
九一	生草藥店		十四元	
九二	兼賣各項貨物店查明該店所賣貨物若干種以其某種的稅較多均先照該種上等牌稅征收			

至其餘各貨則另照該物下等牌稅只收十份之二

九三	兼賣各項貨物（大公司）此指所賣貨物多過十種均屬本表規定領牌者則照左列數目納鈔	二百五十六元	一百九十二元	一百廿八元
九四	船廠	三十三元	二十四元五角	十六元五角
九五	公遊樂塲（指菜館酒巴各種遊藝兼各種遊戲幻術在內）	八千四百八十元	六千三百六十元	四千二百四十元
九六	大木廠	四十八元	三十六元	廿四元
九七	織造廠	一百卅二元	九十九元	六十六元
九八	棉紗或冷紗織造廠	六十六元	四十九元	卅三元
九九	油炸店	八十元	六十元	四十元
一百	製造餅乾廠	十八元	十三元五角	九元
一零一	灰廠	五十四元	四十元五角	二十七元
一零二	啤酒廠	八十元	六十元	四十元
一零三	製造英坭廠	一千六百元	一千二百元	八百元
一零四	製造烈酒廠	八十元	六十元	四十元
一零五	製絲廠	六十六元	四十九元	三十三元

澳門商業牌照章程

澳門商業牌照章程

一零六	製造汽水廠	二十八元	二十一元	十四元
一零七	製造雪廠	五十四元	四十五元五角	廿七元
一零八	鑄造廠	一百三十二元	九十九元	六十六元
一零九	製造火柴廠	二百五十六元	一百九十二元	一百廿八元
一零九A	黃糖製造廠	三十元	二十二元五角	十五元
一一零	製造神香廠	卅三元	二拾四元五角	十六元五角
一一零A	醃火腿廠	八十元	六十元	四十元
一壹一	製造梘廠	十五元	十一元五角	七元五角
一壹二	製造煙廠	一百零四元	七十八元	五十二元
一壹三	製磚廠	二百五十六元	一百九十二元	一百廿八元
一壹四	製燭店	三十三元	廿四元五角	十六元五角
一壹五	製玻璃店	三十三元	廿四元五角	十六元五角
一壹六	製菩提酒廠	五十四元	四十元五角	廿七元
一壹七	賣麵粉店	三十三元	二十四元五角	十六元五角
一壹八	西藥房	六十六元	四十九元	三十三元
一壹九	西人執藥師非係該藥房東主	三十三元	二十四元五角	十六元五角
一二零	中西疋頭洋貨店	四拾八元	卅六元	廿四元
一二壹	新舊鐵器店	四拾八元	卅六元	廿四元

一二二	打鐵舖或修整製造各鑽店	三拾三元	廿四元五角	十六元五角
一二三	收買舊料店	三拾三元	廿四元五角	十六元五角
一二四	舊料押	一百五十六元	一百一十七元	七十八元
一二五	舊料店專賣舊西式傢私	四十八元	三十六元	廿四元
一二六	照相館不能賣影相物料	卅三元	廿四元五角	十六元五角
一二七	照相館兼賣影相材料	四十八元	卅六元	廿四元
一二八	生菓店	卅三元	廿四元五角	十六元五角
一二九	白鐵店製造及買賣白銅白鐵鉛錫等類	卅三元	廿四元五角	十六元五角
一三零	電鍍廠	六十四元	四十八元	卅二元
一三一	賣雪店	五十四元	四十元五角	廿七元
一三二	製造及修整遮者	十八元	十三元五角	九元
一三三	瓜菜店	十八元	十三元五角	九元
一三四				
一三五	旅店	五十四元	四十元五角	廿七元
一三六	酒店	一百零六元	八十元	五十三元
一三七	無店舖之工藝人其所作之工藝係屬於本表內未有指出			

澳門商業牌照章程

澳門商業牌照章程

屬何種者　五十三元

一三八　所有做工藝人而無店舖設立者其所作之工藝係屬於本表何種則按照該種徵收

一三九	較電燈兼賣電燈器具店	二十八元	二十元	十四元
一四零	出賃人力車店	二十八元	二十元	十四元
一四一	首飾店或打金器亦在內	三十三元	二十四元五毫	十六元五毫
一四二	磚瓦灰沙階磚店	三十三元	二十四元五毫	拾六元五毫
一四三	夜冷店及拍賣人	三十三元	二十四元五毫	拾六元五毫
一四四	牛房或鮮奶店	三十三元	二十四元五毫	拾六元五毫
一四五	柴炭店	三十三元	二十四元五毫	拾六元五毫
一四六	扇店	十八元	十三元五毫	九元
一四七	石版印務館	三十三元	二十四元五毫	十六元五毫
一四八	中西書局	二十三元	十七元	十一元五毫
一四九	中國糖菓店	十八元	十三元五毫	九元
一五零	蓆店	十八元	十三元五毫	九元
一五一	缸瓦店	卅三元	二十四元五毫	十六元五毫
一五二	磁器兼玻璃店	四十八元	卅六元	二十四元

一五三	洗衣店	十八元	十三元五毫	九元
一五四	縫衣車店	三十三元	廿四元五毫	十六元五毫
一五五	發賣打字機及計算機	三十三元	廿四元五毫	十六元五毫
一五六	海味店	四十八元	卅六元	廿四元
一五七	收費出診內外科醫生	八十元	六拾元	四十元
一五八	織造襪廠	一百三十二元	九十九元	六十六元
一五九	賣襪店	三十三元	廿四元五毫	十六元五毫
一六零	什貨店	三十三元	廿四元五毫	十六元五毫
一六一	中醫生		十四元	
一六二	出賃或售賣傢私店	卅三元	廿四元五毫	拾六元五毫
一六三	鑲鏡架之製造人或售貨人	卅三元	廿四元五毫	拾六元五毫
一六四	出賃電脚車店		每駕七元五毫	
一六五	燕窩店	卅三元	廿四元五毫	拾六元五毫
一六六	紙紮店	廿五元	十八元	拾二元五毫
一六七	籐器店	廿三元	十七元	拾一元五毫
一六八	驗眼及配眼鏡店	二十八元	廿一元	拾四元
一六九	電力工廠	四十八元	卅六元	廿四元
一七零	製造各種油店	二十八元	廿一元	十四元

澳門商業牌照章程

一七一	麵飽店	卅三元	二十四元五毫	十六元五毫
一七二	賣炮竹店	卅三元	二十四元五毫	拾六元五毫
一七三	中國紙店	十八元	十三元五毫	九元
一七四	製造中國紙廠	廿八元	二十一元	拾四元
一七五	發賣文房用具店	卅三元	二十四元五毫	十六元五角
一七六	女接生	廿八元	二十一元	十四元
一七七	賣鳥雀店	十八元	十三元五毫	九元
一七八	賣鹹魚店			
一七九	香料店	廿八元	二十一元	拾四元
一八零	製造或發賣毛筆店	十元	七元五毫	五元
一八一	繪畫人	十八元	十三元五毫	九元
一八二	繪畫館	廿八元	廿一元	十四元
一八三	發賣神香店	十八元	十三元五毫	九元
一八四	小狀師或在法庭當別人代理者	六十元	四拾四元	三拾元
一八五	蘇杭小什貨店	十八元	十三元五毫	九元
一八六	鐘錶店	卅三元	二拾四元五毫	十六元五毫
一八七	絨線店	卅三元	二拾四元五毫	十六元五毫

一八八	發賣番梘店	十五元	十一元五毫	七元五毫
一八九	發賣或製造鞋店	二十八元	二十一元	十四元
一九零	製造鎖及銅鐵器具廠	卅三元	二十四元五毫	十六元五毫
一九一	發售或製梳打店	十八元	十三元五毫	九元
一九二	非中國銀行之副司理	四百卅五元	三百廿六元二毫	二百十七元五毫
一九三	散沽煙店	卅三元	二十四元五毫	十六元五毫
一九四	屐店	十八元	十三元五毫	九元
一九五	製桶店	卅三元	二十四元五毫	十六元五毫
一九六	承接小工程者	四十元	卅元	二十元
一九七	豆腐店	拾八元	十三元五毫	九元
一九八	中西戲院或影畫戲院或馬戲場或各項遊戲場每開戲一會除印花費外收		七元五毫	
	每年計算	八十八元	六十六元	四十四元
一九九	染布廠	四拾一元	卅一元	二十元五毫
二零零	印字館	四十八元	卅六元	二十四元
二零一	賣臘燭店	十八元	十三元五毫	九元
二零二	賣洋酒人不設酒巴	六十四元	四十八元	三十二元

澳門商業牌照章程

火警號表

Sinais Feitos na Fortaleza do Monte Para se Conhecer o local incêndio

(Precedidos be toques de sereia dados pela mesma fortaleza)

火警時大炮台先响電笛後即升下列之號以便人民知悉

DE DIA 日球	LOCAL 太平旗號	DE NOITE 夜燈
●	**1.** Patane 沙梨頭 新橋街 浦魚地	○ ○
● ●	**2** Bazar 新塡地 大街 柴船尾	○ ●
● ◀	**3** S. Lourenço 高樓街 十六村 龍嵩街	● ○
◀ ●	**4** Santo António 花王廟 沙欄仔 三巴門	● ●
● ◀ ●	**5** Sé 南灣 白馬行 天神巷	○ ● ○
● ● ◀	**6** Mong-Há 旺夏 水坑尾 龍田村	● ○ ●
◀ ● ●	**7** Barra 下環街 新村尾 媽閣	● ● ●

（說明）夜燈○者爲白燈●者紅燈 日球●者爲球◀者爲紅旗

—壹零捌—

一九三零年東方各天文台台長在香港召集討論大會提議如遇颶風應採用下列標記今照錄如左

本地颶風標記

標記號數	日號	夜燈	說明
第一號	T	○○○	此係表明氣壓低降或有颶風能影響及本地者
第二號	▬	○●○	此係表明西南或有猛風或暴風者
第三號	⊥	●○●	此係表明東南或有猛風或暴風
第四號	▲▼	○○◉	此係表明有一極烈之颶風但與本地無甚危急者
第五號	▲	○●●	此係表明西北或有暴風雨
第六號	▼	●○○	此係表明西南或有暴風雨
第七號	■■	●●○	此係表明東北或有暴風雨
第八號	●	○○●	此係表明東南或有暴風雨
第九號	▼▲	●●●	此係表明暴風雨之力傾向漸大者
第十號	十	◉●◉	此係表明颶風可由任何一方吹來者

（註明）燈之色澤○爲白●爲綠◉爲紅

附記四號標記只在呂宋用之若澳門則不用至表明颶風之地點則用普通標記懸於天文台桅杆第五號至八號標記如風力每點鐘能有五十至六十奇羅米突或颶風地點甚近能發現危機而不敢保其必衝入本地者均用該種標記懸掛

第五號至八號標記懸掛後如天氣情形傾向加猛一便將及於旋風之速率者則懸第九號標

澳門颶風號表

澳門颶風號表

記此時或只懸第九號標記或同時先宣佈颶風力將變成猛烈

第十號標記懸掛時即在大炮台放汽笛三次鳴炮三响

颶風之中心如經過本地時風力必停下一刻然後依先時之風向由反面吹來愈加緊急

凡颶風標記懸掛後如遇危險情形完全渡過應即將標記收下

本地名標記日夜均在東望洋燈塔大炮台船政廳及氹仔分所等處懸掛

第一號標記表明請衆人注意陸續再有標記懸出時即是表明颶風之路程已變換不必顧慮

該颶風由上前表明之方向而來但該颶風可由續後懸出之標號方向而來也

凡表明颶風已離開本地時應先將標號收下仍依下列方法宣佈公衆週知

(甲)放汽笛二次每次三十秒鐘每隔十五秒放一次

(乙)大炮台向西南鳴炮二响

▲注意依天氣情形或放汽笛或放炮屆時酌定

全澳街名表

(中葡文對照)

▲以字劃多小爲序▼

二　劃

二龍喉(Ngui Lung Hao)

二龍喉馬路(Estrada da Flora)

二龍喉街(Rua da Fonte da Enveja)
十字巷(近十月初五街)(Travessa do Muro)
十八間(Travessa dos Mercadores)
人頭井(Ian Tao Chiang)
卜園(Patio da Adivinhação)

三 劃

大樓斜巷(Travessa do Abreu)
大頭針里(Patio do Alfinete)
大樹園(Beco da Arvore)
大炮台下街(Rue de Sta. Filomena)
大炮台斜巷(Calçada do Monte)
大炮台山(Colina do Moute)
大鵬巷(Travessa do Tintureiro)
大鵬園(Patio do Martelo)
大三巴斜巷(Calçada S. Francisco Xavier)
大三巴里(Beco de S. Paulo)
大三巴右街(Rua da Ressurreição)
大龍口(Tai Lung Hao)

二龍喉巷(Travessa da Fonte da Enveja)
十字巷(近龍田村)(Travessa do Carneiro)
十月初五街(Rua Cinco de Outubro)
人和里(又名山麻雀園)(Patio das Calhandras)

大和斜巷(Rua da Aleluia)
大關斜巷(Calçada do Amparo)
大炮台下咸蝦巷(Travessa do Balachão)
大炮台街(Rua do Monte)
大炮台園(Patio do Monte)
大纜巷(Travessa da Corda)
大鵬橫巷(Patio das Esquinas)
大花巷(Travessa do Florão)
大三巴街(Rua de S. Paulo)
大三巴石級(Escada de S. Paulo)
大堂斜巷(Calçada de S. João)
大堂新園(Patio do Poeta)

全澳街名表

大三下山小

三角亭園(Beco do Gonçalo)
三間里(Patio da Penha)
三多里(Patio do Pomo)
三角燈(Rotunda Carlos da Maia)
下環正街(Pua da Casa Forte)
下環園(Patio da Casa Forte)
下環舊巷(Travessa dos Juncos)
下環街(Rua da Praia do Manduco)
下環街市(Mercado da Praia do Manduco)
下環小市(Travessa dos Vendilhões)
山水園(Horta do Bom Jesus)
山水園斜巷(Travessa do Bom Jesus)
山麻雀園(又名人和里)(Patio das Calhandras)
山鷄巷(Travessa do Faisão)
山洞巷(Travessa do Tùnel)
小新街(Travessa dos Alfaiates)
小山石級(Escada do Muro)
小蓬里(Beco das Barraquinhas)

大堂前地(Largo da Sê)
大堂街(Rua da Sé)
大堂巷(Travessa da Sê)
大興街(Rua João de Araujo)
大褸園(Patio do Manto)
大廟脚(Travessa do Meio)
大街(Rua dos Mercadores)
大井巷(Travessa dos Poços)
大碼頭街(Rua do Teatro)
三角亭街(Rua do Gonçalo)
三層樓上街(Rua do Baião)
三層樓斜巷(Calçada Francisco António)
三層樓街(Rua da Prainha)
三巴仔園(Patio da Cadeira)
三巴仔斜巷(Calçada dos Remédios)
三巴仔橫街(Rua do Seminârio)
三巴仔街(Rua de S. José)
三巴里(patio da pena)

小　園(Patio Pequeno)
工匠街(Rua dos Colonos)
土庫園(Patio do Godão)
千日紅巷(Travessa das Perpetuas)
士多紐拜斯大馬路(又名二龍喉馬路)(Avenida Sidonio Pais)
叉　巷(Travessa do Garfo)

工匠巷(Travessa dos Colonos)
工匠園(又名居安里)(Patio do Socorro)
土塊巷(Travessa do Torrão)
千日紅里(Patio das Perpetuas)

四　劃

水手東街(Rua das Alabardas)
水手斜巷(Calçada Eugenio Gonçalves)
水坑尾巷(Travessa dos Santos)
水鷄巷(Travessa das Galinholas)
水池斜巷(Rampa do Reservatorio)
公局市前地(Largo do Mercado Municipal)
公局新市東街(Rua Leste do Mercado do S. Domingos)
公局新市南街(Rua Sul do Meracado de S. Domingos)
公局新市西街(Rua Oeste de Mercado de S. Domingos)
公局新市北街(Rua Norte do Mercado de S. Domingos)
公仔巷(Patio do Idolo)

水手西街(Rua do Bazarinho)
水坑尾街(Rua do Campo)
水字巷(Travessa do Cais)
水榕樹巷(Travessa do S. João)
公局市橫巷(Travessa do Mercado Municipal)
公棧巷(Travessa do Opio)

全澳街名表

公仁天巴木太火中日主內

公牛街(Rua do Touro)
仁字巷(Travessa da Palma)
仁厚里(Patio de S. Nicolau)
仁慈堂右巷(Travessa da Misericordia)
天通圍(Beco da Cadeia)
天鷄巷(Travessa da Cotovia)
巴掌圍(Patio do Pagode)
巴冷登街(Rua Brandão)
巴素打爾古街(Rua Visconde Paço de Arcos)
木橋橫街(Travessa do Pagode)
木字里(Patio da Horta)
太和巷(Travessa Mata Tigre)
太和石級(Escada Quebra Costas)
太陽里(Patio do Sol)
火藥局斜巷(Calçada do Paiol)
中和里(Patio do Cravo)
日頭街(Rua do Sol)
主教巷(Travessa do Bispo)

仁字里(Beco dos Calafates)
仁安里(Beco da Arruda)
仁慕巷(Travessa da Saudade)
天神巷(Travessa dos Anjos)
天通街(Rua dos Cules)
天台圍(Patio do Terraço)
巴掌圍斜巷(Calçada de St. Agostinho)
巴士度街(Rua Antonio Basto)
木橋街(Rua do Pagode)
木匠巷(Patio do Carpinteiro)
木瓜圍(Patio da Papaia)
太和圍(Patio do Penedo)
太平圍(Beco do Canto)
火船頭街(Rua das Lorchas)
火水巷(Travessa do Petróleo)
中　里(Patio do Meio)
日頭里(又名太陽里)(Patio do Sol)
內裡圍(Patio das Escondidas)

手摺里(Beco dos Assentos)

五　劃

玉盞巷(Travessa da Palangana)
布　巷(Travessa do Pano)
嘸㗎碼頭(Rua do Infante)
平線巷(Travessa do Paralelo)
北便街(Rua do Norte)
左　里(Patio da Esgùerda)
牛蔗里(Beco da Cana)
加思欄馬路(Estrada de S. Francisco)
石版里(Beco da Lage)
石字巷(Beco da Pedra)
石閘門(即大街)(Rua dos Mercadores)
田螺里(Beco do Caracol)
田畔街(Rua Entre Campos)
史山新里(Beco das Chagas)
史山豬圍(Beco do Porco)
永安中街(Travessa dos Faitiões)
乍邊圍(又名桔仔街)(Rua do Matapau)
右　甲(Patio da Direita)
司吶口(Praça Ponte E Horta)
平線圍(Beco do Paralelo)
北山嶺(Pac San Liang)
左堂欄尾(Beco dos Cotovelos)
牛雪巷(Travessa do Gêlo)
加思欄花園(Jardim de S. Francisco)
石　街(Rua da Pedra)
石墻街(即連興街)(Rua da Rosa)
田　街(Beco das Hortas)
田螺石級(Escada do Caracol)
史山新巷(Patio das Chagas)
史山斜巷(Calçada da Rocha)
永安上街(Travessa dos Cvos)
永安下巷(Travessa do Pau)

全澳街名表

永白打由先安扣民同米如

永安息巷(Travessa do Balsamo)
永樂里(近沙欄仔)(Beco da Balsa)
永慶里(Patio da Eterna Felicidade)
白頭新斜巷(Calçada Nova)
白頭花園(Cemiterios dos Parges)
白朗嘉圍(Patio da Vila Branca)
白鴿巢花園(Jardim Luis de Camões)
白灰圍(Beco do Cal)
白眼塘橫街(Rua da Caldeira)
白馬圍(Beco do Hospital)
打鐵圍(近下環街)(Beco de S. Roque)
打鐵斜巷(Calçada do Januário)
打纜圍(Patio da Cordoaria)
由義巷(Patio do Gruta)

六劃

先那飛南第街(Rua Sena Fernandes)
安懷里(Patio do Mirante)
扣鈕巷(Travessa do Colchete)

永安圍(Patio da Canja)
永樂里(近夜母斜巷)(Patio da Hera)
白頭馬路(Estrada dos Parses)
白頭墳墓(Cemiterios dos Parges)
白朗嘉莊(Vila Branca)
白鴿巢前地(Praça Luis de Camões)
白灰街(Rua da Cal)
白眼塘前地(Largo da Caldeira)
白馬行(Rua do Hospital)
白馬里(Patio do Hospital)
打鐵圍(近天神巷)(Beco dos Anjos)
打纜地(Largo da Cordoaria)
由義圍(Patio do Atalaia)
民國大馬路(Avenida Republica)

同安街(Rua da Entena)
米糙街(Travessa do Soriano)
如意巷(Travessa da Prosperidade

老鬈巷(Travessa do Sancho Pança)
衣灣斜巷(Calçada da Praia)
地球巷(Travessa da Esfera)
光復里(Patio da Claridade)
灰爐石級(Escada da Arvore)
吉慶巷(Travessa dos Becos)
吉慶二圍(Patio do Adem)
西望洋馬路(Estrada de Sta. Sancha)
西望洋山(Colina da Penha)
西洋墳(Cemiterio do S. Miguel)
西坑街(Rua da Penha)
西灣街(Rua da Praia do Bom Parto)
竹園圍(Patio do Rochedo)
竹仔室斜巷(Calãoda das Chacaras)
竹仔室村(Povoação Tanque do Mainato)
竹室圍(Patio da Boa Vista)

老人圍(Patio dos Velhos)
地厘古工程司馬路(Estrada Engenheiro Trigo)
汎地河邊村(Povoação Marginal de Santi)
光復街(Rua da Restauração)
灰爐斜巷(Calçada do B.m Parto)
吉慶一圍(Patio do Mestre)
吉祥里(又名社福里)(Patio da CaPoeira)
西望洋斜巷(Calçada da Penha)
西望洋石級(Escada da Serra)
西墳馬路(Estrada do Cemiterio)
西坑村(Povoação do Mato da Penha)
竹　園(Beco do Bambu)
竹園圍斜巷(Travessa do P. Soares)
竹仔室橫街(Rua Tanque do Mainato)
竹室正街(Rua da Boa Vista)
竹帽巷(Travessa do Tudum)

七劃

沙井天巷(Travessa da Assunção)
沙井地巷(Travessa da Boa Morte)

全澳街名表

沙何快利豆李見更杜亞谷坑兵志牧芒

沙欄仔園(Beco dos Colonos)
沙欄仔橫街(Beco do Tarrafeiro)
沙梨頭口巷(Travessa da Palanchica)
沙梨頭街(Rua do Patane)
沙梨頭海邊街(Rua da Ribeira do Patane)
沙雞園(Patio das Narcejas)
沙嘉都喇賈罷麗街(Rua Sacadura Cabral)
何林里(Patio do Alem Bosque)
快艇頭里(Beco das Faitiões)
利字里(Travessa do Nivat)
豆腐園(Beco do Misso)
李家園(Patio da Boa Mina)
見眼園(Beco da Vista)
更香里(Patio do Pivete)
杜鵑斜巷(Calçada do Galo)

沙欄仔街(Rua do Tarrafeiro)
沙欄仔街市(Mercado do Tarrafeiro)
沙梨頭石級(Escada da Papel)
沙梨頭巷(Travessa do Patane)
沙梨頭斜巷(Calçada das Sortes)
沙岡街市(Mercado de Sa Cong)
何老桂巷(Travessa do Ho Lo Quai)
快艇頭街(Rua das Faitiões)
谷字巷(Travessa do Nêle)
坑渠巷(Travessa do Cano)
兵營斜巷(Calçada das Quarteis)
志　里(Patio do Gil)
見小園(Beco de Desprézo)
牧羊巷(Travessa do Pastor)
芒菓園(Patio da Manga)

八　劃

亞美打利庇盧大馬路(又名新馬路)(Avenida Almeida Ribeiro)
亞美打利庇盧園(Beco Almeida Ribeiro)
亞美打街(Rua Espectaãoç Almeida)

亞卑寮奴你士街(Rua Abreu Nunes)
亞堅奴前地(Largo do Aquino)
亞馬喇馬路(Estrada Ferreira do Amaral)
亞婆井街(Rua do Lilau)
亞婆井斜巷(Calçada do Lilau)
亞婆石(A Po Siac)
亞利雅架街(Rua Manuel de Arriaga)
花王堂前地(Largo do St. Antonio)
花王堂街(Rua do St. Antonio)
花王堂斜巷(Calçada do Botelho)
花王堂高園(Largo da Companhia)
花枝里(Beco das Estacas)
花士古打監麻新路(Avenida Vasco da Gama)
金多里(Beco do Cedro)
金雞納園(Patio da Quina)
金龍巷(Travessa do Fogo)
金龍前地(Largo da Surdêz)
金菊山(又名望夏山)(Colina de Mong Ha)
拉搭山(Lap Tap San)
拉搭山炮台(Lap Tap San P'ao Toi)
卑度路街(Rua Pedro Nolasco)
卑弟巷(Travessa do P. Narciso)
林家一園(Beco do Professor)
林家三園(Beco do Louceiro)
林德遠巷(Travessa Lam Tac Un)
果欄街(Rua da Tercena)
果欄尾(Beco da Ostra)
果欄園(Patio da Tercena)
果欄橫街(Beco da Melancia)
長壽里(Patio da Conserva)
長安園(Patio da Coruja)
長樂里(Patio dos Penates)
長　樓(Chiong Lao)
長樓斜巷(Calcada do Embaixador)
板樟堂前地(Largo de S. Domingos)
板樟堂街(Rua de S. Domingos)

全澳街名表　亞花金拉卑林果長板

澳門遊覽指南

全澳街名表　板夜青東定玫非昇肥河耐和忠居

板樟堂巷(Travessa de S. Domingos)
板堆里(Patio do Tabuado)
夜母巷(Travessa do Gamboa)
夜母前街(Travessa dos Trens)
青　洲(I Iha Verde)
青洲新路(Digue da Iha Verde)
青雲里(Patio do Mainato)
青磚巷(近水坑尾)(Travessa dos Santos)
東望洋巷(Travessa da Gaia)
東望洋斜巷(Calçada do Gaia)
東望洋山(Colina da Guia)
東慶里(Beco Escuro)
定安街(Rua da Roseira)
玫瑰巷(Patio da Rosa)
非利喇街(Rua Coronel Ferreira)
昇平里(Patio do Camprador)
肥利喇亞美打大馬路(又名荷囒園)(Avenida Conselheiro Ferreira Almeida)
居仁里(Patio da Batega)

板樟空地(Largo das Tabuas)
夜母街(Rua do Gamboa)
夜母前巷(Rua do Tesouro)
夜母斜巷(Calçada do Gamboa)
青洲新路(Avenida Conselheiro Borja)
青草街(Rua da Erva)
青磚巷(近望夏)(Travessa do Tijolo)
東望洋街(Rua Ferreira do Amaral)
東望洋斜坡(Rampa da Guia)
東望洋新街(Rua Nova A Guia)
東望洋山馬路(Estrada Engenheiro Trigo)
河邊新街(Rua Almirante Sérgio)
耐福里(Patio da Capoéra)
和隆街(Rua do Volong)
忠信里(又名咸蝦里)(Patio do Balachão)
昇平園(Beco da Faca)
居安里(又名工匠園)(Patio do Sccorro)

—壹弍零—

宜安街(Travessa da Felicidade)
門官園(Patio do Mercado)
○鷄街(Rua do Capão)
制嚦街(又名十月初五街)(Rua 5 de Cutubro)

九劃

柯傳善堂園(Beco Ho Chin Sin Tong)
柯高街(Rua Horta e Costa)
柯利維喇街(Rua Marques de Oliveira)
美的路主教街(Rua Bi-po Medeiros)
美副將操兵地(Camp › Coronel Mesquita)
美珊枝街(Rua Sanches de Miranda)
咸魚前地(Largo do Peixe Salgado)
咸蝦園(Beco do Balachão)
若憲馬路(Estrada Visconde de S. Januário)
若翰亞美打街(Rua João de Almeida)
風順堂上街(Rua da Prata)
風爐匠巷(Travessa d › Fogueiro)
施威喇街(Travessa do Silveira)

味機市(Mercado Intelior do Miguel Aires)
閣頂前地(Largo de St. Agostinho)
兎　巷(Travessa da Lebre)

柯傳善堂里(Patio Ho Chin Sin Tong)
柯高大馬路(Avenida Horta e Costa)
柯利維喇園(Beco Marques de Oliveira)
美副將大馬路(Avenida Coronel Mesquita)
美基街(Rua Miguel Aires)
咸魚園(Beco do Peixe Salgado)
咸蝦里(Patio do Balachão)
若憲山(Colina Visconde de S. Januário)
若憲斜巷(Calçada Visconde de S. Januário)
風順上街(Rua dos Prazeres)
風順堂街(Rua do S. Lourenço)
施利化街(Rua Comss da Silva)
施威喇園(Horta do Silveira)

全澳街名表　　炮南厚染咩盾珊玻飛茨紅哪荒缸柚吳信

炮兵馬路(Caminho dos Artelheiros)
南巫園(Patio do Bonzo)
南灣園(Beco da Praia)
厚望巷(Travessa da Esperança)
染布里(Beco dos Tingidores)
咩路馬揸度街(Rua Alvaro de Mel, Machado)
盾　園(Beco do Escudo)
珊瑚里(Beco do Coral)
玻璃樽園(Beco de S. Francisco)
飛能便度街(Rua Fernão Mendes Pinto)
茨林園(Patio do Espinho)
紅毛山(Hung Mou San)
紅雀園(Patio do Sairo)
哪吒廟斜巷(Calçada das Verdades)

炮仗巷(Travessa do Paochong)
南灣街(Rua da Praia Crande)
厚望街(Rua da Esperança)
染布巷(Travessa dos Tingidores)
荒字巷(Rua da Colina)
缸瓦巷(Travessa da Louca)
柚果里(Patio da Toranja)
吳家園(Patio do Abridor)
飛良紹街(Rua Leoncio Ferreira)
信安街(Beco da Flor)
紅窗門街(Rua da Alfandega)
紅毛墳(Cemiterio das Protestantes)
紅豆園(Hung Tao Iun)
哪吒園(Patio das Verdades)

十　劃

草堆街(Rua das Estalagens)
草堆橫巷(Travessa das Janelas Verdes)
草蓆巷(Travessa da Esteira)

草堆橫街(Beco da Pinga)
草地園(Patio da Cabaia)
草蜢巷(Travessa d, Cafanhoto)

全澳街名表　　馬高海桔家病柴倒

馬交石斜坡(Mesa Redonda)
馬交石炮台馬路(Estrada D. Maria II)
馬交石斜坡(Rampa dos Cavaleiros)
馬記士里(Patio Lourenço Marques)
馬大臣街(Rua Henrique de Macedo)
馬　里(Beco do Cavalo)
高地烏街(Rua Pedro Coutinho)
高樓上街(Calçada do Bom Jesus)
高樓下巷(Calçada da Paz)
高園街(Rua da Horta da Companhia)
高冠街(Rua da Mitra)
海邊馬路(Estrada da Cacilha)
海蛤里(Rua da Cancha)
桔仔街(Rua do Matapau)
桔仔圍(Beco do Matapau)
家辣堂街(Rua de Sta. Clara)
病人院横街(Patio do Asilo)
柴船尾巷(Travessa da Barca da Lenha)

馬交石炮台斜坡(Rampa de D. Maria II)
馬交石山(Colina D. Maria II)
馬交石圓台(Meia Laranja)
馬記士街(Rua Eduardo Marques)
馬子圍(Beco dos Cavaleiros)
高地圍(Beco da Alfandega)
高樓街(Rua P. Antonio)
高樓里(Patio da Ilusão)
高園圍(Beco da Cacatua)
高尾街(Travessa dos Algibebes)
高家圍(Beco do Touro)
海邊新街(Rua do Guimarães)
海田圍(Beco do Bambù)
桔仔巷(Travessa do Matapau)
家冷巷(Travessa do Calão)
病人院街(Rua do Asilo)
柴船尾街(Rua da Barca da Lenha)
倒裝一圍(Beco da Malva)

全澳街名表　倒俾貢耕鬼脂防羔連陳烟酒峽席罣宰紐掙

倒裝二園(Beco das O'Culos)
俾利喇巷(Travessa Francisco Xavier Pereira)
貢士跑定奴街(Rua Constantino Brito)
耕　園(Beco da Lavra)
鬼仔巷(Travessa das Anjos)
脂粉巷(Travessa do Goivo)
消防隊巷 Travessa das Bombeiras)
羔羊里(Patio do Cordeiro)

俾利喇街 Rua Francisco Xavier Pereira)
烟字巷(Peco do Tabaco)
酒潭巷(Travessa da Dorna)
峽谷巷(Travessa da Ribeira)
席　里(Patio da Esteira)
罣絲巷(Travessa do Enleio)
宰牛巷(Travessa do Matadouro)
紐　里(Beco do Botao)

十一劃

連勝街(Rua Coelho do Amaral)
連興街(Rua da Rosa)
連安園前巷(Beco do Ganso)
連安園(Patio da Pomba)
沙丁園(Beco da Carpideira)
連峯馬路(Estrada do Istmo)
陳　巷(Travessa do Velhos)
陳樂街(Rua Chan Loc)
陳樂里(Patio Chan Loo)

連勝馬路(Estrada Coelho do Amaral)
連興巷(Travessa do Colar)
連安巷(Travessa do Penedo)
連安後巷(Travessa de D. Quixote)
連花山(Lin Fa San)
連峯園村(Patio dos Lirios)
陳家園(Beco do Cha)
陳樂巷(Travessa Chan Loc)
掙匠巷(Travessa dos Calafates)

雀仔園(Bairro da Horta da Mitra (Ch'ioc Chai Iun)
雀仔園街市(Mercado Horta da Mitra)
望厦馬路(Estrada da Mong Ha)
望厦炮台斜坡(Rampa do Forte de Mong Ha)
望厦村(Povoação de Mong Ha)
魚釣里(Beco das Anzois)
魚翁街(Rua da Pescadores)
清和里(俗名虱乸街)(Patio da Felicidade)
麻子街(Beco da Palmeira)
帚山園(Patio do Piloto)
細井巷(Calçada do Poço)
匙羹里(Beco da Colher)
翎毛巷(Travessa das Plumas)
船澳口(即草堆街)(Beco das Caulaus)
通衢街(又名飛機巷)(Rua do Passa Adiço)
剪髮匠巷(Travessa do Barbeiro)
凉水巷(Travessa das Curtidores)
深巷仔(Beco do Gamboa)

雀　里(Rua do Pássaros)
望厦大馬路(Avenida de Mong Ha)
望厦山(Colina de Mong Ha)
望厦廟前地(Largo do Pagode de Mong Ha)
魚鱗街(Travessa da Escama)
清平新街(Travessa do Auto Novo)
麻雀仔(Potio Francisco Antonio)
造繩巷(Travessa do Cordeiro)
康公廟前地(Largo do Pagode do Bazar)
檳榔石(Pang Long Siac)
舂坎巷(Travessa do Pilão)
船錨巷(Beco da Ancora)
通商新街(又名新填地)(Rua Nova do Comercio)
進教圍(Cheng Cao Vai)
凉水街(Rua das Curtidores)
偶像圍(Patio da Estatua)
深巷横街(Travessa das Virtudes)

全澳街名表　雀望魚清麻帚細匙翎船通剪凉深造康檳舂進偶

全澳街名表　得荷華渡黑順惠敦愕智雅園戾短硯馮象善雲番帽蛤葉

得勝馬路(Estrada da Victória)	得勝街(Rua da Vitória)
荷蘭園(又名非喇喇亞美打大馬路)(Bo Lan Iun)	

十二劃

華士街(Patio do Vaz)	渡船街(Rua da Barra)
渡船巷(Travessa da Barca)	黑沙環馬路(Estrada da Areia Preta)
黑沙環巷(Travessa da Areia Preta)	黑猫巷(Travessa do Hospital das Gatos)
順成街(Rua da Aguia)	順成里(Patio da Aguia)
惠愛街(Rua da Alegria)	惠愛里(Beco da Alegria)
敦善里(Patio das Palmas)	敦和里(Patio da Sé)
愕　街(Rua da Surprêsa)	愕斜巷(Calçada da Surprêsa)
智字里(Beco da Palmeira)	智字巷(Travessa da Trindada)
雅廉訪大馬路(Avenida Ouvidor Arriaga)	善慶園(Patio do Banco)
園基巷(Travessa das Palissadas)	雲額巷(Travessa do Toucado)
戾屡園(Patio da Tranca)	番攤街(Rua das Estalagens)
短　巷(Travessa Curta)	帽　園(Patio do Chapeu)
硯　園(Patio do Tinteiro)	菩提巷(Travessa Nova)
馮家園(Patio do Serralheiro)	蛤　巷(Travessa do Buzio)
象　里(Beco do Elefante)	葉家園(Patio Ameaça)

十三劃

媽　街(Rua das Amas)
媽閣大街(Rua do Bazar da Barra)
媽閣上街(Rua S. Tingo da Barra)
媽閣第三巷(Travessa da Chupa)
媽閣廟前地(Largo do Pagode da Barra)
新塡巷(Travessa do Aterro Novo)
新花園(Lecaros)
新維里(Beco do Cisne)
新步頭街(Rua da Madeira)
新　里(Patio Novo)
新　圍(Travessa das Venturas)
塔石巷(Travessa do Tap Siac)
塔石前地(Campo Coronel Mesquita)
萬豐當(又名蓬萊新巷)(Travessa da Caldeira)
道咩卑利士街(Rua Tomé Pires)
群隊街(Rua do Rebanho)
煩惱里(Patio do Desgosto)
媽閣街(Rua da Barca)
媽閣山(Colina da Barra)
媽閣第二巷(Beco do Marinheiro)
媽閣海邊街(Rua Marginal da Barra)
新勝街(Rua Tomás Vieira)
新市巷(Travessa do Bazar Novo)
新雅馬路(Estrada da Bela Vista)
新步頭横街(Travessa da Cordoaria)
新馬路(近沙岡)(Estrada Nova)
新橋巷(Travessa da Ponte Nova)
塔石街(Rua do Tap Siac)
塔石斜巷(Calçada do Tap Siac)
萬里圍(Beco da Bêde)
萬里長城(Calçada da Barra)
塘　巷(Travessa do Lago)
暗　圍(Patio da Dissimulação)
鳩　里(Beco das Rôlas)

全澳街名表

意義路聖賈蒲瘋福塡綠嘉

意那韶白的士打巷(Travessa Inácio Baptista)
意那素俾蘇亞街(Rua Inácio Pessoa)
義字里(Beco da Emenda)
義字巷(Travessa da Emenda)
路義士若翰巴地士打街(Luis João Baptista)
塡地園(Patio do Atêrro)
聖付堂前地(Adro de S. Lazaro)
聖祿杞街(Rua de S. Roque)
聖味基街(Rua de S. Miguel)
聖味基斜巷(Calçada de S. Miguel)
賈伯樂提督街(Rua Almirante Costa Cabral)
綠豆園(Patio do Mungo)
蒲魚地(又名打纜地)(Calçada do Cordoaria)

十四劃

瘋堂新街(Rua Nova de S. Lazaro)
瘋堂斜巷(Calçada da Igreja de S. Lazaro)
瘋堂中斜巷(Calçada Central de S. Lazaro)
福隆新街(Rua da Felicidade)
福隆新巷(又名宜安街)Travessa da Felicidade)福隆街(Rua das Flores)
福隆下街(即白眼塘橫街)(Rua da Caldeira)
福隆里(Beco das Galinhas)
福德街(Travessa Maria Lucinda)
福德新街(Rua Nova)
福壽里(Patio do Aterro)
福榮里(Beco da Felicidade)
福慶街(Rua da Figueira)
福華巷(Travessa da Fortuna)
福華里(Patio da Fortuna)
福星里(Patio de St. Cnofre)
福祿里(Patio das Seis Casas)
福寧里(又名新圍)(Travessa das Venturas)
福神直街(Rua da Várzea)
嘉野度將軍街(Rua General Calhardo)

嘉路米耶圓形地(又名三角燈)(Rotunda Carlos da Maia)
製造廠巷(Travessa da Fabrica)
旗　街(Rua da Bandeira)
瑰花里(Beco da Roseira)
趙家圍(Beco do Aiti)
聚龍里(Patio das Cules)
聚龍通津(Beco do Rosa)
銀和里(Beco da Prata)
監牢街(Rua da Cadeia)

祿號圍(Beco da Carapinha)
銅錢巷(Travessa das Sapecas)
鳳仙圍(Patio do Sal)
趙家巷(Travessa da Porta)
聚龍舊社(Beco Central)
銀針里(Beco da Agulha)
銀　坑(Ngan Hang)
監牢斜巷(Calçada do Tranco Velho)

十五劃

慶樂里(Patio do Espadana)
賦梅里(Beco das Barbeiros
蔡記里(Beco do Craveiro)
養猪巷(Travessa do Porqueiro)
興隆街(Rua dos Rosàrio)
墨山巷(Travessa Martlnho Mortenegro)
劏狗環(Tong Cao Van)
蓬　里(Beco das Barracas)

窮　里(Patio da 1sdegéncia)
魯子高街(Rua Noronha)
黎地里(Beco do Leite)
興華街(Rua dos Cavaleiros)
墨山街(Rua Martinho Montenegro)
劏狗環巷(Travessa da Praia)
劏狗環斜坡(Rampa P. Vasconcelos)
蓬萊新街(又名萬豐富)(Rua do Bocage)

全澳街名表

蓬萊新巷(Travessa da Caldeira)
德興里(Patic da Tancareira)
德隆新街(Patio do Cotovelo)
賣菜街(Rua das Estréla)
賣魚巷(Travessa da Alpendre)
賣草地圍(Beco da Palha)
樂建斜巷(Calçada da Feitoria)
樂上里(Beco do Violeiro)

十六劃

蕉　園(Patio do Figo)
鮑公馬路(Estrada dom João Paulino)
燕主教街(Rua Bispo Enes)
橫　園(Beco da Trave)
機杼巷 Travessa da Tecedeira)
蟒　里(Beco do Dragão)
龍田村街(Rua Long Tin Chún)
龍頭左巷(Travessa António da Silva)
龍嵩正街(Rua Central)

蓬德賣樂蕉鮑燕橫機蟒龍撒學儒盧

蓬萊里(Beco do Misterio)
德香里(Beco da Romã)
賣菜地(Largo das Tin Tins)
賣菜巷(Travessa da Môsca)
賣草地街(Rua da Palha)
賣草地里(Patio da Palha)
樂上巷(Travessa da Viola)
撒喇沙博士路(Avenida da. Oliveirasalazar)

蕉園圍(Patio da Pedra)
鮑公廟前地(Largo Pao Cong Mio)
學校巷(Travessa do Colegio)
儒履圍(Beco do Sapato)
盧九街(Rua do Lu Cao)
龍田村(Povoacao Long Tin Chún)
龍田村石街(Rua da Cana)
龍頭巷(Boco do Lilau)
龍眼圍(Patio das Flores)

龍安園(Patio da Lenha)
橋梁街(Ruu das Pontes)
橋仔頭(又名大街)(Klio Chai T'ao (Rua das Mercadores)
燒灰爐口(Praça Lôbo D'Avila)
樹木里(Largo do Arvoredo)
頸蹓山(Colina de S. Miguel)

十七劃

鮮魚里(Beco do Peixe)
戲院斜巷(Calçada do Teatro)
營地一圍(Ceco do T'ntureiro)
擺華巷(Travessa da Paiva)
嗝地利亞街(Rua Corte Rial)

十八劃

鵝眉街(Rua Inacio Baptista)
禮字巷(Travessa do Pires)
織蓬園(Patio do Cano)
嚤囉園路(Ramal dos Mouros)
蔞良頭圍(Patio do Esteio)

橋　巷(Travessa da Ponte)
燒灰爐街(Rua do Chunambeiro)
樹木巷(Travessa da Arvore)
猫　園(Beco do Gato)

鍾家圍(Beco das Caixas)
營地街市(Mercade de S. Domingos)
龍喇沙羅沙街(Rua Braz da Rosa)
總督斜巷(Calçada do Governador)
鋳些喇提督大馬路 Avenida Almirante Lacerda

鵝眉橫街(Travessa Inácio Baptista)
禮字里(Beco da Raposa)
騎樓里(Patio do Corredor)
舊塔里(Velho da Atalaia)
鯉魚井(Rua Peixe Serra)

全澳街名表　醫雞叢羅關蟻轎鏡鵪臘

醫院後街(Rua do Pato)
醫院里(Patio do Hospital)
雞仔巷(Travessa dos Pintos)
叢慶坊(Patio do Jardim)
叢慶三巷(Travessa Terceira do Patio do Jardim)
叢慶四巷(Travessa Quarta do Patio do Jardim)
叢慶北街(Rua Norte)

醫院橫街(Travessa do Pato)
醫院圍(Beco do Hospital)
雞頸頭牌(Cai Kiang T'ao Pai)
叢慶二巷(Travessa Segunda do Pàtio do Jardim)
叢慶南街(Rua Sul)
叢林里(Beco do Arvoredo)

十九劃

羅利老馬路(Estrada Adolfo Loureiro)
羅結地巷(Travessa do Roquete)
羅絲山(Jardim da. Montanha Russa)
羅地利忌博士路(Avenida da. Rodaicves)
關閘橫路(Estrada do Arco)
關閘沙(Quan Chap Sa)
關前後街(Rua Nossa Senhora da Amparo)
蟻　巷(Travessa da Formiga)
轎夫巷(Travessa das Cules)

羅沙達街(Rua Alves Rocadas)
羅憲新街(Rua Tomàs da Rosa)
羅絲山花園(Jardim da Montanha Russa)
關閘街(Rua do Cerco)
關閘馬路(Istmo Ferreira doAmarai)
關前正街(Rua dos Evanarios)
鏡湖馬路(Estrada do Repouso)
鵪鶉巷(Travessa da Codorniz)
臘八里(Rua Dezóito de Dezembro)

二十劃

爐　巷(Travessa do Fogão)

爐石塘街(又名庇山耶街)(Rua do Camilo Pessanha)

議事亭前地(Largo do Senado)

蠔殼園(Beco da Adufa)

爐石塘巷(Travessa do Mastro)

議事亭右巷(Beco do Senado)

醮塲地(Largo do Pagode do Patane)

廿一劃

爛　園(Patio das RuinaS)

爛鬼樓新街(Travessa do Armazem Velho)

爛花園(Beco do Sal)

廿三劃

鑄炮斜巷(Calçada da Fuudição)

鷹　園(Patio do Milhafre)

廣富里 Patio Arco)

戀愛巷(Travessa da Paixão)

顯榮里(Patio Amparo)

廿四劃

鹽埠園(Beco do Cego)

歷史最久之澳門報紙

澳門時報

社址在清平直街

新聲日報

社址新步頭橫街七號

電話五六八

電訊快捷　消息詳確

說部精警　銷行廣濶

本刊承印者

文新印務公司

精印中西大小文件各種書籍族譜徵信錄唐洋釘裝五彩商標嘜頭錢票仿單特備全副最新大小仿宋楷書西文等字體印刷精美取價從廉起貨快捷依期不悞如蒙光顧無任歡迎

地址：澳門新馬路桔仔街一百零六號

洋服專家

石岐遷澳

致光洋服店

設在澳門爐石塘街
（即庇山耶街）十一號

梁球記百貨商店廣告

本號專辦環球貨品推銷國貨代理名廠線衫線襪名貴西庄用品零沽批發價格克己近今擴張營業特聘名師精造中西仕女革履欵色新奇工精料美如蒙大帮採辦定當取價從廉

鋪在十月初五街門牌一三叁號
電話二三九七

榮盛隆銅鐵店

VENG SENG LONG

澳門爐石塘
（即庇山耶街）四十八號

經售銅鐵　唐洋用品
輪船用具　漆器油料
精造　水喉欄河
　　　鐵閘門窗
專修大小洋磅

恭頌

徐淞大醫師

（肺炎救星）小皃阿強近患痳熱症，繼而兼患肺炎危症，而氣促聲失，風痰擁塞，危險萬分，羣醫束手，家人以爲絕望，即移入醫院留醫，延請　徐淞大醫師救治，僅五天而危病全愈，僕合家感激，愧無以報，特鳴謝忱。

徐大醫師醫館板樟廟前街十一號電話六〇〇

陳偕鳴謝

文園大酒家

著名鮑翅　明爐乳豬
廳房雅潔　菜式新奇
宴花夜菜　招呼備至
茶麵酒菜　美點星期
經濟時菜　式式俱備
包辦酒席　特聘名廚
各界光顧　保君滿意

電話　營業部八壹七
　　　三樓部八壹弍

舖在澳門福隆新街

謝利源金舖

繁華絲髮洋服

十足赤金白金名
貴鑽石珍珠玉器
飾品大幫新到國
產絲髮西衣絨女
褸絨增設洋服部
聘到馳譽廣州之
怡安泰首席裁師
梁兆泉君主理另
印備精美禮劵諸
君餽贈尚祈留意

澳門大街廿二號廿四號

電話二一弍零九

北平協和醫院

內科
兒科 陳大耀

特長：熱症瘧疾痳痘霍亂肺病
胃腸眼耳鼻喉皮膚花柳根治哮喘

電話：二五七九號
診所澳門新馬路十九號

中山名醫

張浪石遷港

包醫咳血肺癆

寓香港中環威靈頓街一百號二樓

湯贊記商行

本行：
選辦歐美名貴疋頭·
精製球羅傘帽·兼造

男女服裝

款式新穎
工精價廉

仕女光顧；極表歡迎！

澳門大街三十四号

澳門新馬路四號

大福票店

代售各種香煙名貴呂宋香煙
國產生切煙絲貨色鮮明美備

澳門清平直街

黃桂記不夜天大酒家

正鋪 支店

生猛海鮮的大王.
杜侯食品的鼻祖
香湯鹵味的元戎
原盅燉品的領袖
本主人親自督浸

南棗雞脚酒
歸元杞菊酒
清香鯽魚酒
糯米磁荔枝酒

本號馳名粥品

晨早及第粥
生滾雞球粥
金銀鴨肉粥
龍躉粥
牛肉粥
明蝦粥
鯇魚粥
石班粥
牛什粥

澳門東興火柴廠

廣東澳門沙崗連勝馬路

電話七一二號 電報掛號九零零九

純粹華人資本
選辦國有材料

製成國貨火柴
各地同胞樂用

榮華大酒店

電話：：樓下九九一・二樓九九二・三樓九九三・

本店六大特式

酒菜精良　居住舒適　鋪陳華麗　侍奉週到　地點適中　價錢廉極

本酒店開設多年，信用昭著；位置近于各輪渡碼頭及岐關汽車總站之側，交通便利，地點適中；全座樓宇建築安敞，空氣充足；房間鋪陳華麗，配備冷熱水喉，居住舒適；訓練侍役，招呼週到，聘定名廚，精製餐菜；而房租價錢之低廉，尤為別家所不及。中外旅客，均表歡迎。

HOTEL PARAMOUNT

NO. 16—22 TRAVESSA DAS VIRTUDES, MACAU

New Feature, Big Building of THE EASTERN PEARL

鋪在澳門清平直街深巷橫街十六號至二十二號

黃珍記

銀業百貨滙兌

總代理

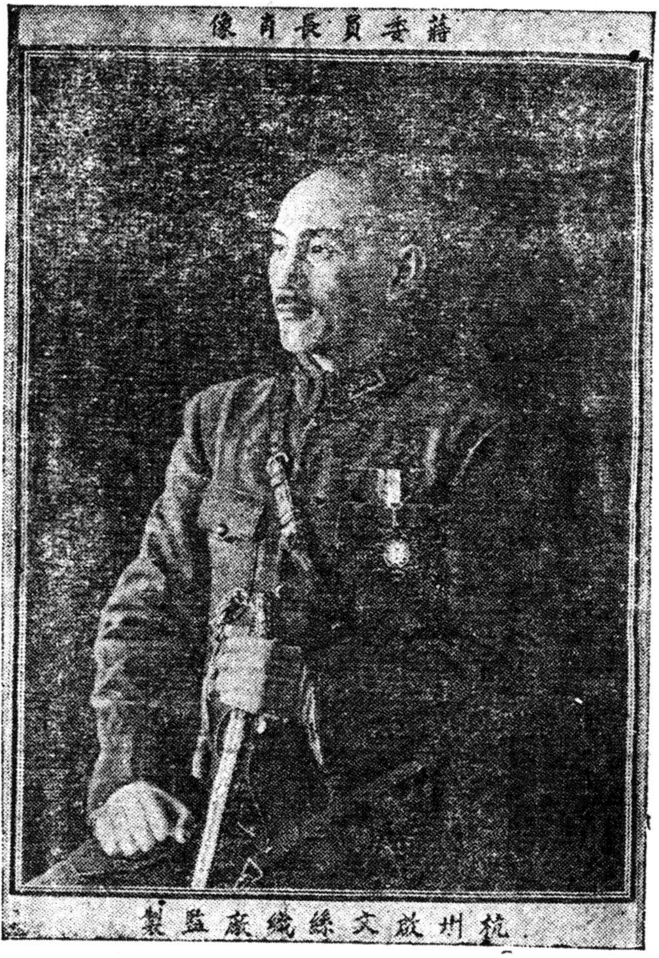

上海啓文絲織名貴畫

行址在澳門新馬路一百二十五號至一百二十九號（電話二二六零二）

老店在十月初五街一百二十二號（電話九二二四）

雙樽牌　三啤牌　三鎗牌

超等線衫

香港藝生織造廠出品

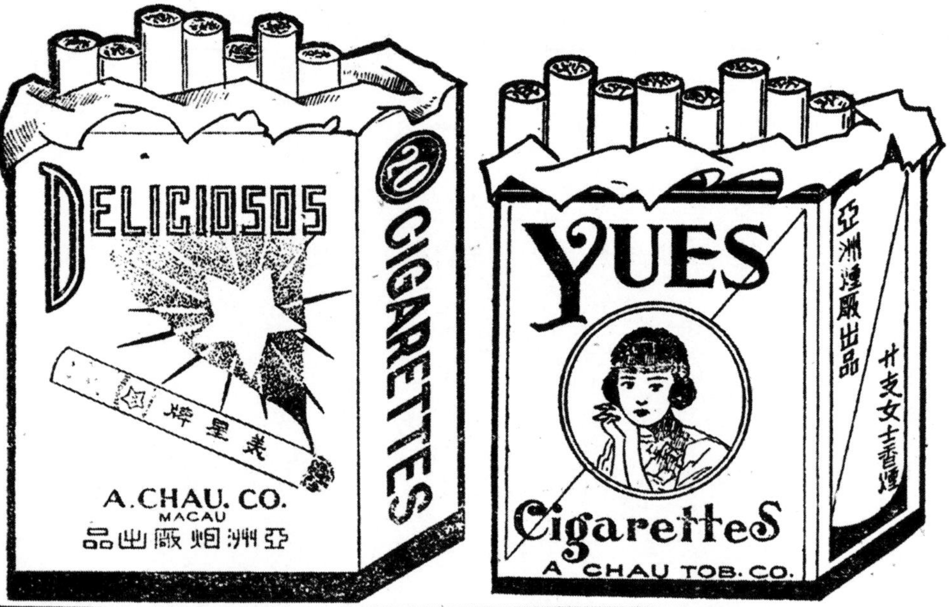

亞洲葉捲煙廠

製造場澳門南灣近西街門牌二十四號

自動電話九五六　有線無線掛號零零六八

本廠開辦十有餘年專揀選上等亞灣拿及呂宋嘀囒各葉自製成葉捲煙（卽俗名呂宋煙）欵式新奇應付社會潮流以求吸家滿意近年兼製機捲香煙如

女士牌。美星牌。月琴牌。三寶牌。

早已風行各界士女振興工業祈爲試之欲辦各烟出口價錢格外克己如蒙惠顧請移玉至敝廠面商極表歡迎祈爲留意

總司理人游濃披露

印後跋言

記者以劫餘之身，遭難滬海；竭數月之精神與時間，博訪廣集，輯譯調查，寫成斯編。雖無大補于社會文化，亦可稍盡便利僑澳同胞之責。本書初稿，原成于去年十一月間，首獲梁彥明，麥棠先生之指導，幷惠假參考書籍多本；繼蒙梁懷，何秀峯，何英父，王文達，羅祝海，馮滔，趙連城，蕭秉炎，陳安德諸先生或假以圖籍，或親作牽引，使本書得迅速完成；復承何鑑濤，蕭演宗，鄧衍彬三先生校閱訂正；且荷社會名流馮祝萬先生標題封面；梁後源，徐佩之，施基喇，徐傳霖，徐偉卿，李君達，李際唐，高可寧，何仲恭，周守愚諸先生賜題鴻詞；梁彥明，麥棠，何仲恭先生寵錫佳章；隆情碩誼，感紉良深。現得付諸剞劂，公於社會，冀作僑澳同胞旅居之參考，幷為游覽之導引而已。如有訛誤，惟望大雅指正。

本刊封面之澳門風景全圖，為一九一七年全澳攝影比賽獲首名奬之「摩登攝影室」王文達先生佳作，承賜刊錄，敬致謝忱。又本刊印成後，承高尚志先生賜題「海鏡生光」四字，因附刊不及，特致歉意。

（編者）

印後附言

本書編寫之始末，概已詳紀于編後跋言。原定于去年底出刊問世；嗣因附刊廣告及各種關係，歷受阻礙，遂致稽延時日，有負社會各界矚望之殷，良深歉仄！至本書編成後，在發刊之前，已有不少親友借觀原稿，故近有某種刊物，取材於本書原稿者竟至數章之多。此種有利社會之書，即使雷同，無傷大雅；但彼出在前，此出在後，深恐閱者不察，反令本編有剽竊之嫌，因特附言聲明，以免誤會耳。

中華民國廿八年五月初

每冊定價四角

編著人：何翼雲　黎子雲

校對人：蕭潤生　何其鏮　何翼華　何金濤　梁少珍

發行人：何超龍

通訊處：澳門新馬路四號

印刷者：澳門文新印務公司

代售處：澳門　香港　廣州灣　吉隆坡　八打威　曼谷　仰光　河內　馬尼剌　美洲　澳洲　及國內外各埠大書店

1	香港百年史（一九四八）	黎晉偉
2	最新香港指南（一九五零）	湯建勛
3	香港掌故（一九五九） 附 香港歷史（一九五三）	黃燕清
4	香港雜記（一八九四光緒原版）	陳鏸勳
5	香港百年（一八四一—一九四一）	劉國英
6	澳門地理（一九四六）	何大章、繆鴻基
7	香港——東方的馬爾太（一九二九）	李史翼、陳湜
8	港僑須知（一九三三）上	戴東培
9	港僑須知（一九三三）下	戴東培
10	香港金融（一九四零）	姚啟勳
11	香港九龍便覽附粵語舉要（一九四零）	逸廬主人
12	香港政治之史的考察（一九三六）	[日本]植田捷雄 原著 石楚耀 中譯
13	香港華人名人史略（一九三七）（中英合璧）The Prominent Chinese in Hongkong（1937）	吳醒濂
14	僑旅錦囊（一九一八）附〈華英譯音巫語指南〉	盧少卿
15	香港教育制度之史的研究（一九四八）	阮柔
16	香港市政考察記（一九三七）	譚炳訓
17	《香港陷落（一九四一中文）》《軍政下の香港（一九四四日文）》合刊	齊藤幸治、心一堂
18	香港淪陷記（一九四六）	唐海
19	《香港日佔時期課本——初小公民（一九四三中文）》《嚴重的香港（一九三八中文）》《香港事情（一九一七日文）》合刊	香港占領部總督府、殷楊
20	澳門遊覽指南（一九三九）	何翼雲、黎子雲
21	英粵通語Cantonese for everyone——香港大學粵語教材（一九三一）	H. R. Wells
22	香港早期粵語教材——〈初學粵音切要〉（一八五五）	佚名
23	港澳學校概覽（一九三九）	呂家偉、趙世銘
24	香港蓄婢問題（一九二三）	反對蓄婢會

書名：《澳門遊覽指南（一九三九）》
系列：心一堂　香港·澳門雙城成長系列
原著：何翼雲、黎子雲合編
主編•責任編輯：陳劍聰

出版：心一堂有限公司
通訊地址：香港九龍旺角彌敦道六一〇號荷李活商業中心十八樓〇五一〇六室
深港讀者服務中心：中國深圳市羅湖區立新路六號羅湖商業大厦負一層〇〇八室
電話號碼：(852)9027-7110
網址：publish.sunyata.cc
淘宝店地址：https://sunyata.taobao.com
微店地址：　https://weidian.com/s/1212826297
臉書：　　　https://www.facebook.com/sunyatabook
讀者論壇：　http://bbs.sunyata.cc

香港發行：香港聯合書刊物流有限公司
地址：香港新界荃灣德士古道220～248號荃灣工業中心16樓
電話號碼：(852) 2150-2100
傳真號碼：(852) 2407-3062
電郵：info@suplogistics.com.hk
網址：http://www.suplogistics.com.hk

台灣發行：秀威資訊科技股份有限公司
地址：台灣台北市內湖區瑞光路七十六巷六十五號一樓
電話號碼：+886-2-2796-3638
傳真號碼：+886-2-2796-1377
網絡書店：www.bodbooks.com.tw
心一堂台灣秀威書店讀者服務中心：
地址：台灣台北市中山區松江路二〇九號1樓
電話號碼：+886-2-2518-0207
傳真號碼：+886-2-2518-0778
網址：http://www.govbooks.com.tw

中國大陸發行　零售：深圳心一堂文化傳播有限公司
深圳地址：深圳市羅湖區立新路六號羅湖商業大厦負一層008室
電話號碼：(86)0755-82224934

心一堂微店二維碼　心一堂淘寶店二維碼

版次：二零二一年三月初版，平裝

定價：
港幣　九十八元正
新台幣　四百五十元正

國際書號 ISBN 978-988-8583-71-3